コロナ禍が変える日本の教育

教職員と市民が語る現場の苦悩と未来

明石書店

コロナ禍が変える日本の教育

——教職員と市民が語る現場の苦悩と未来

◎目　次◎

はじめに

新型コロナウイルス感染症は、学校教育にも大きな影響を与え続けています。そして、文部科学省や教育委員会で働く行政職員、管理職、教職員、スクールサポーターやＩＣＴ支援員、地域で子どもたちを支える市民は、それぞれの立場、現場で、子どもたちの心のケア、学びの保障に取り組んでいます。

ＮＰＯ法人「教育改革２０２０『共育の杜』」（以下、「共育の杜」）は、２０２０年2月、学校が地域社会のコミュニティの拠点となるため、社会に開かれた学校の実現をめざしてスタートしました。法人の4人の理事は、コロナ禍のなかで、教職員同士のつながりが希薄になっているのではないか、孤立し、一人で悩みを抱える教育関係者が増えているのではないかという懸念をもちました。そこで、学校教育を支える市民、教育行政、管理職、教職員のあいだの信頼という絆を太くし、豊かにしていくことを目的に、非公開フェイスブックグループ「心の職員室」を2月に立ち上げ、4月末から本格的に活動を始めました。

自分の悩みを投稿すれば、ただちに何人もが、自分の思いや考えを伝える。そのくり返しの連続でした。そのくり返しのなかで見えてきたのは、不透明、不確実な状況にあっても、人はつながりを求めて行動を起こし、そして道を切り開いていくという事実でした。けっして大きな一歩ではありません。しかし、人がつながり、共に小さな一歩を踏みだすことで、その跡に道ができているのです。この営みは日本の教育の歴史を書きかえている歩みといっても過言ではありません。

本書に登場するほとんどの人は、教育学の学者、研究者ではありません。教育行政・学校などそれぞれの現場で、子どもたちの幸せを願って行動を続けている人たちです。本書は初めて体験する新型コロナウイルス感染症と向きあうなかで、現場で生まれた実践と思いをつなぎあわせることで、ポストコロナ時代の新しい学校教育の姿を浮き彫りにしたいと考え、刊行しました。現場の実践知の結晶でもあり、現場から日本の教育の未来を描き続けるという、改革です。

この改革は現在進行形であり、新型コロナウイルスの感染状況により、これからどのような困難が待ち受けているかは、わかりません。しかし、本書が、子どもたちの幸せを願い行動する人たちがつながっているという事実を確かめあう場となり、共にその困難を乗り越えていくエネルギーを生みだすと信じています。

NPO法人「共育の杜」理事長
藤川伸治

PTA役員を通してみたコロナ禍の学校と子ども

神奈川県相模原市立清新小学校PTA副会長
村上聡子

1 コロナ禍におけるPTA活動

我が家には小学校3年生と中学校1年生の子どもがおります。誰しもがそうだと思いますが、私も、今年がこのような状況になるとはまったく考えておらず、とまどいや葛藤などはたくさんありました。今もまだ試行錯誤で正解がなんなのかわからず、常に状況が変化していて、不安を抱えている保護者は多いと思います。

ご縁があり、私は小学校のPTA本部役員を務めさせていただいて4年になります。

今年度は活動スタート（学期末の少し前から準備し始めるので4月スタートではなく、年明けくらいから次の年度の準備や引き継ぎが始まるのです）と同時くらいにコロナでの学校休業、そのまま緊急事態宣言での自粛にはいってしまいました。顔合わせすら、最少限の人数で短い時間にとどめ、不安のあるなかで行われ、とても物々しい雰囲気だったことを覚えています。

でも、今は対面でなくても楽にコミュニケーションはとれます。時間のかかる電話ではなくメールや手軽なＳＮＳでスムーズにやりとりができるので、その点では意思疎通はとても早く迅速に行うことができました。会いたくても会えないから決めなくてはならないことを早く決め、不安な保護者を減らすために一つでもできることをしようと一つになったと思います。今のＰＴＡ本部はみな、利他的なメンバーでとても人に恵まれているので、それも大きいと思っております。

こういうときにはそのような素晴らしい方が集まってくるものなのだと思うとありがたくご縁に感謝しています。

そのほかに、よかったこともありました。さまざまな行事を中止せざるをえないなかで、仕事を簡略化し、ＰＴＡ本部や先生方の負担を減らすということができたのです。こういうことがなければ、改めて考えることがなかったことも、行事がなくなったことで話しあうことができたと思います。

特に、今ＰＴＡ本部や役員のなり手がなかなか見つかりにくいということが全国的な傾向だと思います。その原因は会議が多く拘束時間が長くなることや、やらなくてはいけないことが多いということがあると思います。実際はそこまで大変ではない学校も多いと思いますが、そういうイメージがついていると私は思いますし、実際そう思う人が多いと思います。いかがでしょうか。

必要がないものはなくなっていくので、もしかするとこれからのＰＴＡは、またちがう形に変わっていくのかもしれませんが、今現在は先生方と保護者で協力して子どもたちの学ぶ環境を整えて健やかな子どもたちの成長をサポートする組織（機関）です。まさにコロナ禍においては重要な役割を担っていたと思います。

今の時代に合わせた形で、お仕事をしている方でもPTA役員としての活動もできるように現本部が先生方に相談しながら必要な業務とそうでないものを分けてわかりやすく整えていくことは必要で、それができたことはとてもよかったと思います。

実際に今、来年度のPTA本部役員の選出をしているのですが、お陰様でスムーズに決まりつつあります。

2　コロナ禍の親と子ども

それからわたしは、PTA本部として先生方とやりとりさせていただくことが多く、先生方のご苦労や悩まれている姿を比較的近くで拝見していたので、休業中に不満を募らせるようなことはありませんでした。でも不安で体調を崩したり、気分が晴れなかったり、という子どもや保護者の話をうかがうことはもちろんありました。

個人的には私は健康関連の仕事をしているので免疫についての知識が比較的あり、まず自分が不安になることが少なかったということで、子どもたちのメンタルや体調が不安定になることも少なかったのかなとも思います。

休業が長引くなかで、家族と過ごすことがむしろ快適で、普段なんと余裕のない日々を過ごしていたのだろうとふり返ることもできました。コロナ以前は、いろいろなことを詰めこんで一日一日を味わうこともせずに過ごしていたように思います。

夫や子どもたちとゆっくり料理してゆっくり食事する時間はとても豊かでもありました。ただ、それがいつまでつづくのか、これからどうなるのかわからないという点でとまどいは常にあったように思います。

でも、家から出ないことで、内観する時間ももてると気持ちを切り替えて過ごすことができたこともよかったと思います。そして、オンラインで仲間と励ましあうことができたのもこの時期にうれしく思ったことです。

3　コロナ禍における家庭学習とこれから

学校が休業することで学習がなかなか進まないことに不安をもつ方も多かったようです。定期的に親が学校にうかがい、家庭学習を行ってはいましたが、新しい学習ができていなかったので、今年度はどうなるのだろうと思いました。先生方もご苦労が多かったと思います。

たしかに授業ができないことで遅れが大きくなることはその通りではありますが、そもそも学校に通っていればすべて安心というわけではないと思います。そういう意味での家庭学習がコロナ禍においては大切だと感じました。

自分も含め、子どもの教育（という言葉にみな苦手意識があると思います。わたしが教育するなんておこがましい、誰かにお願いしたいという思い）にかんして、無関心でいかに人任せだったかということにも、気づかせていただいたと思っています。

私の住む市ではＧＩＧＡスクール構想があり、本当は令和5年までに小中学校にタブレットやパソコンなどを児童生徒数分を用意していくことになっていたようです。ですが、今年のこの状況に鑑みて前倒しで進めてくださっているのだそうです。ある程度の期間をかけて取り組むものが一年でとなるとむずかしい点も多いとは思いますが、これから必ず必要になっていくものなので、学校と家庭と連携しながら進めていくことを楽しみにしております。

これからまた緊急事態宣言による自粛が起こるかもしれない状況でそれを早めに整備しようとしてくださっている流れはとてもありがたいです。

ただ、こういう流れがあることや変化に対応していることを知らない保護者も多いので、もっと関心をもつ人が増えていくように情報が広く知らされていくことが必要だと思います。そうすれば、学校へ協力する保護者も増えていき、先生方ももっと子どもたちと関わる時間が増え、学校での学習にも、オンラインの学習にも、良い影響があると思います。

4　子どもたちの成長とかかわることで見えたこと

先日、小学校で縦割り遠足というものが行われました。それがとても素晴らしいものでした。

今年は地域の行事がすべて中止になり、それを受けて運動会や社会科見学（工場見学）、学習発表会も、中止もしくは実施できても縮小、短縮で行われていました。

我が家の子どももちろんですが、楽しみにしていた行事や学習がなくなり、子どもたちは寂しい思いをしていました。そんななか、校長先生から縦割り遠足のお話をうかがいました。

縦割りというのは、学年ごとではなく低学年から高学年を縦に割り振り班にして行うというものです。何故それを行うのでしょうか。

学年で行った方が簡単だし手間もないのにあえて縦割りを行おうとするのか、理由をうかがったとき、とても感銘を受けました。

元々縦割りでの学習というのは授業のなかにも組みこまれています。でも、今年は行事自体が少ないし、密集することができないこともあり、異年齢の交流が少ないことを先生方も気にされていたのだそうです。特に行事ごとに高学年で委員会を作り協力して運営を行い、リーダーシップを身につけること、高学年としての自覚を養うことを目的としているので、今年はまったくそれができていないことに懸念を感じていて、なんとか機会を作りたいとおっしゃられていました。そこで限られた時間と条件のなかで苦肉の策として縦割り遠足を考えたとのことでした。私にとってはまったく意識したことがなかったことで、こういうことを知ることができることもＰＴＡとしてかかわらせていただいたおかげだと感じています。

遠足は、午前中のみの実施で、学区から少し出たところにある広い公園に歩いて行って、公園で子どもたちが考えた遊びと学習を実施して帰ってくるというものです。それを縦割り班で行うというものでした。

子どもたちは本当の遠足に行きたかったと思いますが、限られたなかで工夫して楽しく行事をしようという先生方の気持ちが子どもたちに伝わったのか、当日はとても楽しそうに過ごしている様子を見ることができて幸せを感じました。

何故、私がその姿を見ることができたのかというと、たんに見に行ったからではありません。その公園に行く道は、交通量が多く信号も多いことから、ＰＴＡ本部役員に交通整理の依頼があり、行き帰りの安全のためのお手伝いをしていたからです。

正直にいうと、当初、うちの子どもは「なんで近くの公園に遠足なの？」と不満をいっていたのですが、いざ準備をしている姿を見るといそいそとして楽しそうでしたし、当日は「楽しかった！」と帰宅していました。

それは学校で計画をして、また当日に学校から遠足に行くまでの過程があり、それそのものが学習となっているからでした。イメージをして、実際に話しあい、準備をして、実際に歩いていって、体験して帰ってくるという流れが、学校という家庭とは異なる場所で行われるから、そういう楽しみ、喜びや学びが得られるのだと思いました。

やらなくてはいけないことがたくさんあるなかで、このような工夫を凝らして学力だけではない学習の機会を作ってくださったことに感謝しています。この状況においてできる最大限のことをしていただいていると感じております。そして、ＰＴＡ役員としてかかわることができていることにも感謝いたします。大変ではありましたが、本部のメンバーは、みなそう思ったと思います。

5　おわりに

どの保護者も子どもたちに伸び伸びと成長してもらいたい、健康で幸せで豊かな大人になってもらいたいと思っていると思います。これからの時代はオンラインでの学びも整えていくことが必要で、今の時代には必須のことも多いので大変かとは思います。

しかしながら、それと並行してリアルでなければ感じることのできない学びにおける成長を大切にされる先生をこれからも私は応援していきたいです。どんな状況下におかれたとしても、人は人とかかわらなくて生きていけないからです。自分を大切にし、人を大切にし、そのなかでしか学び成長していくことができないと思うのです。

それは、私個人がこのコロナ禍において改めて気がついたことです。気がついただけでなく、自分も子どもたちの希望となるような大人として、人と社会とかかわっていくことを見せていきたいと考えています。

学校という場所があること、先生方がいらっしゃることに感謝し、できる限りの協力をこれからもしていきます。

「コロナ禍がもたらした教育の転換期」、教育行政の視点から

熊本市教育長
遠藤洋路

新型コロナによる全国的な臨時休校と、その後の「新しい生活様式」に対応した一連の学校生活の変化は、これまでの「学校の常識」に大きな変革をもたらしている。人口約74万人、児童生徒数約6万人を擁する熊本市においては、その変化を受け身で待つのではなく、自ら変化を創りだすことを理念として、教育委員会・学校が一丸となって取り組んでいる。

1　できることはなんでもやる

(1) オンライン授業

熊本市がコロナ禍でのオンライン授業の検討を開始したのは2月後半のことである。2月21日に熊本県初の感染者が判明したことを受けて、23日には新型コロナによる出席停止や休校の基準を全国に

先駆けて策定し、各学校に通知した。ウイルスの性質にまだ不明な点が多いことを踏まえ、出席停止や休校を幅広く認めるものであった。あわせて、出席停止や休校の場合にも授業を継続できるよう、オンライン授業の具体策の検討を開始した。26日には、休校を想定したロイロノートとZoomを使った授業の実証をモデル校で行い、条件が整えばオンラインでの授業実施も可能だという結果を得た。27日夜、安倍総理による全国一斉休校の要請が報道された。熊本市では翌28日に臨時教育委員会会議を開催し、3月2日からの一斉休校と、9日からの一部学年（小5、中2）でのオンライン授業の実施を決定した。最高学年の小6と中3は卒業を控えてほぼ履修内容が終わっていたため、その下の学年を選んだのである。学校にあるタブレットをその2学年に集中させたので、オンライン授業は大きな混乱なく進んだ。

当初の一斉休校は「春休みまで」であったが、春休みに入ると感染はむしろ拡大したので、悩んだ末に長期の休校を覚悟した。教育委員会の幹部職員たちに「最低でも6月終わりまでの休校を想定して準備するように」と伝えたときの、皆のこわばった顔を今でも覚えている。さすがにそこまでの休校は予想していなかったのだろう。しかし、最悪を想定して準備するに越したことはない。その途中で学校を再開できればラッキーである。結果的には6月上旬から学校を再開できたので、当初の予想よりは短い休校期間ですんだことになる。

さて、最初から3か月の休校期間を想定すれば、子どもたちの学習保障のために多くのことができるし、しなければならない。そこで、まず3月末に家庭のネット環境調査を行った。結果は、約3分の2の家庭にはオンライン授業に使える端末があり、それに学校のタブレット（3人に1台）を加えれば、なんとか全校でオンライン授業ができそうだというものであった。そこで、4月3日には再度臨時教育委員会会議を開き、ゴールデンウィーク終了までの休校を決定した。当然、それ以降の休校延長も念頭に置いたものである。

小刻みに休校期間の決定と延長をくり返した自治体もあったなかで、熊本市が最初から長めの休校期間を設定したのは、3月中の経験からオンライン授業にある程度の見通しが立っていたことと、あまり細切れに休校を延長するのでは、学校にとっても保護者にとっても予定が立てにくいだろうという判断からであった。

これ以降、教育センター（教員研修を行う部門。熊本市では学校のICT化も担当している）を中心に、一気にオンライン授業の準備を加速した。各校では2回目のネット環境調査を行い、誰に学校のタブレットを貸し出すかという最終調整を行った。同時に、全校から2人ずつの教員を集めてオンライン授業の研修を開催した。そして4月8日の新学期開始から1週間のうちに、各校で3日間の登校日を設けて、新しいクラスの顔合わせとオンライン授業の練習を行うことにした。

これから長期にわたるオンライン授業を行うにあたり、新学年の担任やクラスメイトを見たこともない状態と、少しでも直接会ったことがあるのとでは大きなちがいがあるはずだ。そこで、長期休校中の学びを成功させるために、この3日間の登校日は是が非でも必要だと考えた。教育委員会には、子どもを殺す気か、とか、教育長の自宅を教えろ、といった脅迫めいた電話もかかってきたが、3日間の登校による感染リスクと、その後の学びの豊かさを天秤にかけた場合、後者が圧倒的に大きいと考えた。

こうした準備を経て、15日には全校一斉に小3から中3までの学年でオンライン授業を開始することができた。学校で感染が広がることなくこの日を迎えられたことは、各学校の教職員の努力や、各家庭のご協力の賜物である。休校期間中を通じて一番うれしかった日はいつかと聞かれれば、まちがいなく4月15日である。これで当分は登校しなくてよい。子どもたちを感染のリスクから守りながら学習を継続するという前代未聞の挑戦に、熊本市なりの答えが出せたのである。

ただし、授業といっても最初から高度なことはできないのは当然である。まずはオンラインでの朝の会（挨拶や健康観察）から始める。動画ではなくカードでのやりとりでもよいので、とにかくリアルタイムで双方向で行う。そこから徐々に、学習課題の提出や子ども同士の学びあい・発表まで高度化していくという、5段階のスモールステップを策定した。どのステップでも、高度な授業をやることより、双方向で学校とつながることを重視した。そうすることで、子どもたちの生活リズムが整い、自ら学ぶ姿勢も育つと考えたからである。

学校に対しては無理に上のステップに進むことは求めず、「できることからやる。できることはなんでもやる。できないことはやらなくていい」という基本方針を貫いた。保護者などからは、こんなものが授業なのか、とか、ただのパフォーマンスだ、といった批判が教育委員会にも学校にも寄せられたが、最初から「それでいい」という方針である。問われているのは、休校中に何もしない状態と、少しでも何かする状態と、どちらがよいかということであり、普段の授業や理想的な状況と比べること自体に意味がないのである。

(2) テレビ授業

休校中には、オンライン授業以外にも「できることはなんでもやる」という精神で、さまざまな取り組みを行った。まず挙げられるのは、民放各社とNHKの協力によるテレビ授業である。オンライン授業は小学校低学年が対象外だったこと、また小3以上でもつねにオンライン授業が円滑にできる保証はないことなどから、テレビでも授業を行うことにした。これは市長の発案であり、私は「いいですね」といって教育センターに「できるかどうかやってみて」くらいの心づもりで頼んだのだが、職員たちが驚くべきスピードで実現してしまった。

テレビ授業は、4~5月と8月に、熊本県内の民放4局で学年を分担し、サブチャンネル(一部はメインチャンネル)を使って放送された。NHKは、期間限定であったが夕方のニュース内でコーナーを設けて放送した。いずれも「くまもっとまなびたいム」という共通のタイトルのもと、指導主事や教員が「先生」となり、家で楽しく学べる内容である。当初は同じ時間帯に放送したので、テレビのリモコンで番組表を表示すると、どの局にも「くまもっとまなびたいム」が並んでいて壮観であった。ある世代以上の方にはご理解いただけると思うが、かつて民放各局が大晦日に放送していた「ゆく年くる年」を彷彿とさせる光景である。しかし、同じ時間帯だと兄弟姉妹で見られないといった声もあり、後半はできるだけちがう時間帯にしてもらった。

熊本県全域で放送されたテレビ授業は、熊本市外の市町村の子どもたちにも見てもらうことができた。オンライン授業を行っていない市町村も多いなかで、県内すべての子どもたちに学ぶ機会を提供できたのは、県都・政令市としての責任を果たせたものと思う。さらには、熊本市の取り組みを知った他の自治体でも、同様に各局が協力してテレビ授業が行われた事例があった。キー局が集まる首都圏では、一自治体がこれをやるのは困難だろう。地方ならではのメディアとの協力関係を築くことができた。

なお、教育センターの職員たちが「くまもっとまなびたいム」という記念のマグカップやTシャツまで自費で作るほど気合いを入れているのを見て、学校の先生の「教えたい」という気持ちはこんなに強いものなのかと改めて感じ入った（私もマグカップをいただいたものの、職場以外で使うのはためらわれる）。

（3）電子図書館のサービス拡充

学校以外の施設も、「できることはなんでもやる」という精神で創意工夫を行った。市立図書館は、2月末から5月中旬まで休館したが、その間、昨年11月に開設したばかりの電子図書館（電子書籍の貸出サービス）の蔵書を拡充するとともに、5月からは学校の図書カードでも利用できるようにした。これによって電子図書の貸出が大きく伸び、5月の貸出数は1月の13倍以上となった。もちろん、利用の多くを占めたのは休校中の子どもたちである。

学校の図書カードをそのまま利用することは、昨年度の電子図書館開設時に館長に聞いたところ「システム上むずかしい」という返事だったのに、コロナ禍を契機に思いきって進めてくれた。簡単ではなかったと思うが、館長はじめ図書館職員の尽力に拍手を送りたい。

(4) 博物館の番組放送

熊本博物館(市立博物館)も2月末から5月中旬まで休館したが、その間「くまはくおうちミュージアム」と題した科学番組を制作し、地元のケーブルテレビで放送するとともに、博物館のYouTubeチャンネルでも配信を行った。さらに博物館のホームページやSNSでも、子どもたちが作ったり体験したりできるコンテンツを発信し続けた。

熊本博物館は、リニューアルのための長期休館中に熊本地震に見舞われ、予定より遅れて2018年度途中に5年5か月ぶりの全面再開に漕ぎつけた。2019年度はようやく年度を通じた通常営業となるはずであったが、年度末を控えた2月に再びコロナ禍のため休館となったのである。そんな苦境にもめげずに、リニューアル休館中のノウハウも活かして活動を続けた博物館職員の強さと前向きな姿勢は、熊本市のさまざまな取り組みのなかでももっと注目されてよいだろう。

(5) LINEによる悩み相談

休校期間中には、子どもたちの学習の継続だけでなく、精神面のケアにも対策を講じる必要があった。学校に行けない、友だちに会えない、というだけでなく、感染のリスクを避けるため従来とは異なるスタイルで生活するという状況の下で、子どもたちが非常に大きなストレスを感じることは容易に想像できる。また、親子が長時間一緒にいることにより、家庭内での虐待の増加などの可能性も指摘されていた。そのため、子どもたちが相談しやすいLINEを活用した悩み相談事業を行った。

LINEによる悩み相談は、これまでも夏休み期間中などに実施してきた事業であったが、教育委員会会議での委員からの提案を受けて、急遽コロナによる休校中にも実施することにしたものである。今回は「みんなに相談」という、子どもたちの相談に子どもたちが回答する機能も追加した。悩みをもつ当事者が、自分に近い立場の子どもたちから回答をもらうことで、安心感や納得感を得る効果を期待したものである。実際にやってみると、子どもたちのアドバイスは優しさと共感に溢れ、私たち大人としても子どもたちへの接し方を考えさせられるものばかりであった。

(6) 各学校の取り組み

これまで述べたのは教育委員会による取り組みであったが、各学校においても、子どもたちのために自ら考え行動するという姿勢で多くの取り組みが行われた。代表的なものを紹介すると、教育委員会としてはオンライン授業の実施を求めなかった小学校低学年に対して、オンラインによるつながりを継続する独自の取り組みを行った学校は多かった。また、YouTubeで学校オリジナルの動画を作成して配信した学校が、教育センターで把握できただけでも10校ほどあった。

これらの取り組みは、決して教育委員会から各学校に要請したものでも、奨励したものでもない。しかし、各学校で、なんとか子どもたちに声を届けたいという主体的な取り組みを行ったことは、誇るべきことである。仮に、こうした取り組みで何か失敗があったとしても、それは挑戦した上での失敗なので、教育委員会として大いに賞賛し、全力で学校を守るべきだろう。

2　教育委員会運営のモデルとなる

⑴　エージェンシー（Agency）

熊本市教育委員会は常に、熊本市の子どもたちだけでなく、全国と世界の教育のレベルアップに貢献することを意識しながら休校中の取り組みを進めてきた。一体何をいい出すのか、とお思いかもしれないが、少し詳しく説明したい。

休校が明けた後、7月の教育委員会会議で「熊本市教育振興基本計画（令和2～5年度）」を決定した。これは、市長が策定する教育大綱と本文は同じだが、概要版は教育委員会オリジナルのものである。この概要版のなかで、計画の基本理念を「豊かな人生とよりよい社会を創造するために、自ら考え主体的に行動できる人を育む」とした。ここに、これまでの熊本市教育委員会の取り組みの考え方が凝縮されている。

この基本理念は、ＯＥＣＤ（経済協力開発機構）が２０３０年に向けた教育ビジョンのなかで示した、エージェンシー（Agency）という概念に由来している。まず、エージェント（agent）という言葉は「代理人」などとも訳されるが、「行為をする主体」という意味をもっている。たとえば、プロ野球などで聞く「フリーエージェント」とは、自由に行動できる選手（自由契約選手）のことである。同様に、エージェンシーは「代理店」とも訳されるが、「行為主体性」という訳も使われる。自らの意思で自らの行動を決められるということである。

そのエージェンシー（主体的に行動する力）を、自分のためはもちろん、社会のために用いることができる人を育てることが、2030年に向けた教育目標だとOECDは述べている。社会とは、狭くは自分の周りの世界であり、広くはグローバルな世界である。こうした考え方は、新学習指導要領が掲げる「社会に開かれた教育課程」や「主体的・対話的で深い学び」という方向性とも合致する。そして、教育基本法第1条（教育の目的）に掲げる「人格の完成」と「国家及び社会の形成者」の育成は、まさにこのようにして達成される。これらを考慮して、熊本市教育振興基本計画の基本理念を策定した。

次に、子どもたちがエージェンシーを発揮する主体となるためには、個人としての教員も、組織としての学校も、さらには教育委員会も、エージェンシーの主体であることが重要だと考える。こうした環境で育った市民が主体的に行動し、協働しながら、豊かな人生とよりよい社会（熊本、日本、世界）を創造していくのが、熊本市の未来像である。

こうした考え方に立てば、熊本市教育委員会は、熊本市の子どもたちのためによりよい教育を創造するだけでなく、日本全体・世界全体のためによりよい教育を創造するという使命も有することになる。そのために自ら考え主体的に行動できる組織であることが求められるのだ。もちろん、熊本市教育委員会には全国や世界の教育について決める権限はない。しかし、熊本市の事例が一つのモデルとなり、他の自治体や他の国ぐにに波及効果を生むことによって、全国や世界の子どもたちの幸せのために貢献することはできる。

（2）熊本市から全国・世界への発信

このように、熊本市の子どもたちのためにベストを尽くすと同時に、全国や世界の子どもたちのために貢献することは、コロナ禍による長期休校という前代未聞の状況のなかで、ますます重要な役割になると私たちは考えた。そのため、さまざまな局面において、熊本市の取り組みを積極的に発信することで、教育委員会運営のモデルとなることを意識した。もちろん、正解がわからない状況のなかで、熊本市のやり方がベストだという保証はまったくない。しかし、迷っている自治体に対して、こういうやり方もある、と参考にしてもらえればという気持ちであった。

たとえば、臨時休校は教育長の権限でも決められるのだが、あえて教育委員会会議を開催し、議論を行ったうえで、休校を決定した。決して総理や文科省にいわれるままに休校にするのではなく、地方自治と教育委員会制度が機能していることを示すねらいがあった。

それ以降、休校明けまでの教育委員会会議では、毎回多くのテレビカメラと記者に囲まれながら長時間の議論を行い、終わったらその場で私が即席の記者会見を行うことを続けた。こうして可能な限り議論のプロセスを公開し、報道してもらうことで、他の参考になればと考えたのである。それでも「会議の様子がわからない」という声があったので、7月からは会議をYouTubeでライブ配信している。

オンライン授業をはじめとする各種の取り組みについても、報道、講演、書籍、雑誌、ホームページ、SNS、ブログ、視察の受け入れなど、あらゆる機会を通じて積極的な発信を行い、参考事例として役立てるよう努めている。実際に、タブレット整備、オンライン授業、テレビ授業など、熊本市の取り組みが他の自治体にも波及する事例も聞く。熊本市の子どもたちだけでなく、熊本市外の子どもたちの幸せのために多少なりとも貢献できているのであれば幸いである。

さらに、国内だけでなく世界の教育に貢献するため、ＯＥＣＤやＵＮＥＳＣＯ（国連教育科学文化機関）に対しても主体的にかかわっている。各種会議への参加や、各機関の文書への熊本市の事例掲載などを通じ、世界の子どもたちの幸せのために少しでも役立てるよう行動している。

3 思わぬ成果

長期休校中の取り組みは試行錯誤の連続であったが、私たちが予想しなかった成果も現れた。それまで不登校だった子どもがオンライン授業には参加できているという報告が、続々と上がってきたのである。最終的な調査結果では、昨年度の不登校生のうち、オンラインによる健康観察や課題のやり取りに参加できた人が49・0％／57・4％（小学生／中学生。以下同じ）、オンラインによる授業に参加できた人が34・4％／39・7％、学校再開後に登校できるようになった人が41・4％／31・3％であった。

これらの結果は、オンライン授業だけの成果ではないかもしれない。たとえば、休校中はみなが登校できなかったため、自分だけが遅れているという状態が解消されていたことも、授業参加へのハードルを下げた可能性がある。しかし、双方向のコミュニケーションによって、とにかく学校とのつながりを保つ、という取り組みが一定の効果を挙げたことはまちがいないだろう。

こうした成果を受けて、長期休校が終わった後でも、不登校の子どもたちとオンラインでつながりを保つ取り組みが各学校で始まっている。具体的には、教室の授業のライブ配信や、タブレットを使った担任とのやりとりなど、それぞれの子どもの状況に応じた支援を各学校で工夫している。教育委員会としても、授業配信用のライブカメラを各教室分用意し、一人一台のタブレット（2021年1月までに全校で導入）を使って、欠席であっても、不登校であっても、フリースクールに通っていても、いつでも学校とつながれる体制づくりを進めている。

こうした体制整備をさらに進め、不登校生のためのオンラインの教育課程や、そのための特例校の設置なども検討したいと考えている。それによって、通常の授業とオンラインでの個別対応の両方を行うという教員の負担も軽減される。その先には、教室で全員で行う学習と、場所を選ばず個別に行う学習を柔軟に行き来できるようになる、不登校という概念自体がなくなる学校づくりが可能になると考えている。

4　コロナ禍から学んだこと

現在のように先の見通しが立たない状況は、まさに新学習指導要領が想定している「予測困難な時代」そのものである。こうした状況では、完璧な判断材料やリソースをもった状態で政策を決定・実施することは期待できない。不完全な状態で、できるだけのことをやるしかないのだ。その際に重要なのは、迅速に対応すること、柔軟に対応すること、失敗を恐れないことだと考える。

その際、失敗には二種類あるという意識も大切だろう。前向きな失敗と後ろ向きな失敗である。困難な状況で積極的に挑戦した結果の失敗は、許されるべきだし、むしろ奨励されるべきである。しかし、対応を拒み、挑戦を回避した結果の失敗は、批判されてしかるべきだと考える。これは日本社会全体に当てはまることだとは思うが、特に教育行政や学校には、こうした前向きな挑戦と失敗を奨励する文化を培っていくことが、エージェンシーをもった子どもたちを育てるうえでも大切だと考える。

参考文献

ＯＥＣＤホームページ「２０３０年に向けた生徒エージェンシー（Student Agency for 2030 仮訳）」（閲覧日２０２０・11・25）http://www.oecd.org/education/2030-project/teaching-and-learning/learning/student-agency/OECD_STUDENT_AGENCY_FOR_2030_Concept_note_Japanese.pdf

コロナ禍における京都府教育委員会の対応

京都府教育委員会教育長
橋本幸三

1　はじめに

２０２０年は、東京でオリンピックやパラリンピックが開催され、多くの人びとが世界各国から日本を訪れる賑わいに満ちた年になるはずだった。また、小学校で新学習指導要領が完全実施となり、ギガスクール構想に基づく取り組みが段階的に始まるなど、新しい時代の教育の幕開けとなる期待に満ちた年度になるはずであった。

しかし、その予想はわずか数か月を経て覆され、まったく異なるものになってしまった。年明けから新型コロナウイルス感染症の中国等での様子が伝えられ、次第に警戒感は高まりつつあったが、２月27日の政府による臨時一斉休業の要請はまったく予期しないものであり、あまりに突然であった。同時に、この時点から我々教育委員会や学校等のコロナとの戦いが始まった。

この間をふり返ってみると、これまでに経験していないことばかりであり、正解のない対応に苦労が多い一方で、新たに気づくことも多かったと感じている。

本稿では、この間を5月までの休校期間と、6月以降9月までの学校再開後の期間に分け、それぞれの時期における対応内容とともに、悩みや苦労、気づきなどについて記してみたい。

2　休校期間（3月～5月）の対応等について

(1) 休校・学校再開等の対応

①政府要請に基づく臨時一斉休業（2月27日～）

2月27日の臨時一斉休業の要請を受け、庁内での対応協議を始めるかたわら、知事の意向の確認を行った。知事から多くの府県が要請に従って休業するだろうとのコメントをいただき、休業はやむなしと判断した。新聞記者からの問い合わせが次々と入っていたので、「突然のことで驚いたこと」「年度末の大事な時期であり学校教育活動への影響を最小限にしたいこと」「高校入試は予定通り実施したいこと」を教育長コメントとして伝えるよう担当者に指示をした。

同日夜の内には対応内容を固め、各学校の事前説明や準備期間を考慮し、要請より1日遅れ（3月3日）で休業をスタートすること、終期についても春休みまでとするのではなく、いったん2週間程度にして様子を見ることとし、翌日午前中に記者会見を行うことを決めた。同時に府立の校長会会長や市町教育委員会連合組織の会長とも調整を図った。この時期の一斉休校自体への疑問もあり、要請通りにはしたくない、教育活動への影響を抑えたいとの思いが私自身にあったように思う。

その方針を受け、多くの職員によって、記者会見資料、府立学校への通知や運用の事務連絡、保護者向けの説明資料、市町向けの通知文書など、相当数の文書や資料の作成を一晩でやりきってもらった。その働きぶりには胸が熱くなった。

翌日、朝一番に知事等に対応内容を伝えた上で、11時から多くの報道陣を前に記者会見を開き、対応方針を説明した。

休業期間については、その後、春休みまで延長することとしたが、その間に感染症対策を講じながら高校入試を実施したほか、登校日を設定して学年末試験を実施、また、卒業式、終業式も規模を縮小して全校で行うことができ、休校に伴う影響をある程度抑えることができたと思っている。

②学校再開の表明と方針の撤回（4月3日〜）

春休みの終了が近づき、それ以降の方針を示す時期が迫っていたが、ちょうどこの頃、大学生が関わった感染がクラスター化し、府民に不安が広がり始めていた。

そうしたなか、2日には知事と京都市長が共同で記者会見を開き、感染者は増えているものの感染拡大警戒地域には当たらないと表明した。文部科学省のガイドラインでは、警戒地域に当たらない場合は休校の必要はないとされており、これを踏まえ京都市教育委員会とも調整のうえ、3日に知事と共同で記者会見を開き、その場で学校を再開する旨の表明をした。

その直後から、学校再開に対する抗議の電話等が殺到し、なかには「子どもを殺す気か」といったメールも寄せられた。折悪しく、発表当日から感染者が増え、感染経路不明者の割合が高まったこともあり、再開に向けた情勢は大変厳しくなってきた。後からふり返ると、結果的には不安が急速に高まる最悪のタイミングでの再開表明であり、判断を冷静に受けとめてもらえるような雰囲気ではなかったと思う。私自身にとって、精神的に最もつらい時期であった。

こうした情勢を踏まえ、知事と協議を行い、朝令暮改となるが方針を改めることにした。ただし、南北に長い京都府では、感染状況にも大きな差が見られたことから、南部地域のみ再開を見合わせるという判断をし、7日に記者会見を開いて南部の学校の5月6日までの休校を表明した。南北の線引きでは少し悩んだが、現場の意見も踏まえて決定した。

地域によって異なる扱いをした府県はほとんどないようだが、この判断により、休業しなかった北部地域の学校では、円滑に新年度の学年のスタートを切ることができた。また、休校中の南部の府立学校でも、入学式や始業式は行うようにしたが、登校日の設定については、登校可能日として希望に基づくものに改めた。

③国の緊急事態宣言に伴う対応（4月16日～）

4月16日には、東京・大阪等に次ぐ第二弾の国の緊急事態宣言が出され、京都府は特定警戒府県に指定された。

これに伴い、特措法に基づく府の緊急事態措置が示され、知事による休止要請を受けて北部の学校についても5月6日まで休校とすることになった。このころには、府の感染症対策本部会議のなかで方針決定をする仕組みが定着したが、その事前調整の協議を含め、頻繁に開かれる会議に私自身が参加し調整を行う必要があり、方針決定までのプロセス上の負担は増えた。

4月下旬には、ゴールデンウィーク明けの対応が課題となり、現場から少しでも早く方向性を示してほしいとの声があったため、知事に本部会議の開催を求めたうえ、4月28日の会議において、国の緊急事態宣言の延長を想定し5月末まで休校期間を延長する旨を表明した。

④緊急事態措置見直しを踏まえた学校再開等の対応（5月15日〜）

4月下旬以降の感染者の減少を受け、5月初旬には国の宣言解除のタイミングを見計らいながら、いつから何を緩めていくかに府の関心は移っていった。

文部科学省でも学校の長期休業による影響を重くとらえ、感染症対策を徹底しながら学校教育活動を段階的に再開する方向へと舵を切ろうとされており、そのことが5月1日付の文部科学省通知で示された。こうした動きを踏まえ、府の緩和方針に北部の学校再開を盛りこむよう調整を行い、後は京都府の宣言解除の時期を待つだけという状況になっていた。

14日の第一弾の宣言解除から除かれた京都府では、次週の解除を想定し、15日の本部会議において緊急事態措置を見直すこととされた。それに伴い、北部の高校については25日からの再開を、そして、その他の学校も6月1日からの再開を想定する旨を表明した。21日には想定通り宣言が解除されたことから、ようやく6月1日以降すべての学校の再開を果たすことができた。また、部活動についても活動内容や活動時間に制限を設けながら段階をおって再開するようにした。

休校や再開に係る経過は以上の通りだが、常に判断に悩む厳しい仕事であると同時に、府内の市町教育委員会や私学にも影響する責任の重い仕事であった。ただ、地域別の対応について、後から北部の首長や府会議員等に英断だったと評価されたことや、5月初旬、保護者宛に感染対策を講じながら段階的に学校再開を目指すとのメールを発出した際に、4月初旬とは違って抗議もなく受け入れてもらえたことは、とてもありがたいと感じた。

(2) 居場所の確保と教員の勤務

①休業に伴う子どもの居場所の確保

3月の一斉臨時休業の対応を決めた直後から、休業期間中の子どもの居場所の確保が大きな問題となった。放課後児童クラブでは突然の休校に対応するため、スタッフの確保等に追われることになり、市町の職員や学校の非常勤職員等が協力したほか、学校での受け入れや施設開放など、各市町教育委員会ではさまざまな対応に苦労をされていた。反面、この時点では学習の保障はあまり話題にならなかった。

こうしたことは、学校が学びの場としての機能だけではなく、福祉的な機能をこれほど担っていたのかと、その役割の大きさに改めて気づかされる機会となった。

府教育委員会では、各市町の実情把握に努めるとともに、府の福祉サイドと情報交換を行ったが、一方、同様の問題は特別支援学校で見られた。休校直後から、支援学校での特例受け入れを望む声が寄せられ、当初、学校側には預かることに少し不安の声もあったが、理解をいただき、休校に入った数日後から、家庭や施設で子どもを見られない事情がある場合に特例的に受け入れることとした。また、少し遅れて、スクールバスの運行も開始し、休校期間中の一定の居場所の確保ができたと考えている。

②休校期間中の教職員の勤務

休校に伴う教職員の勤務について、4月17日には、接触機会の低減を目指すとの国の方針も踏まえ、府立学校に対し3チームを編成し、原則1日交替による在宅勤務を行うよう通知をし、その扱いを市町教育委員会にも参考として示した。また、5月初めには、家庭においてＩＣＴを活用した業務が行えるよう、Office365のアカウントを教職員にも配布した。

交替制勤務については、学校の段階的な再開にあわせ5月下旬までには通常体制に戻ったが、実施状況に差はあったもののチーム編成による勤務体制を経験したこと、一部の職員の利用ではあったが、ＩＣＴを活用した在宅勤務というこれまでにない貴重な経験をする機会となり、広い意味で働き方を見直す機会ともなったと考える。

(3) 休校期間中の学びの保障に関する府の取り組み

①府立学校の取り組み状況

府立高校でも小・中学校と同様、紙ベースの学習課題による家庭学習が中心ではあったが、スマートフォンの所有率が高いため、グループウエアの活用が多くの学校で図られるようになった。また、オンライン授業についても、ライブ配信形式や学習資料等の配信、録画授業の配信など形態はさまざまだが、若手教員が中心となって各学校で工夫した取り組みがこの期間に進められた。

特別支援学校では、教員が作成した5分程度の動画――夏野菜の育て方をクイズも交え教員が実践するもの、家庭で体を動かせる教員開発の体操、通学できなかった学校内を探検できるものなど――をYouTubeに掲載し、まとめて見やすくしたサイト「まなびのバイキング」を設けた。教科学習以外に自立活動や生活単元学習の内容を含んでおり、多くの家庭で視聴された。

②「京都府教育委員会からの挑戦状」

多くの小・中学校で、学習ドリルによる知識習得型の家庭学習が主な取り組みとなるなか、昨年度から京都の企業や大学から課題を出題してもらい生徒が課題解決に挑戦する事業を始めていたことから、休校期間にあっても、正解が一つではない問いに挑戦できるような家庭学習教材を「京都府教育委員会からの挑戦状」と名付けて作成し公開をした。

たとえば、中学校理科の生命の連続性の単元に関して、人に羽を生やすことはできるのか？　人はその羽で飛べるのだろうか？　といった課題を設定する。ただし、子どもの学習進度に合わせて取り組めるよう、基礎レベル、普段の授業レベル、単元目標到達レベル、課題解決型レベルの4つの段階ごとに1つから4つの星の数で示し、必要な事項を押さえた上で段々とむずかしい課題に挑戦できるような仕組みとした。また、学びを深めるためのガイドとして、挑戦用とふり返りの2種類のワークシートもあらかじめ準備し、学びやすいよう工夫もした。

この挑戦状は指導主事の発案によるものだが、公開以降、府内外の多くの小・中学校でホームページにリンクを貼ったり、印刷をして休業中の課題として配布する等の利用が図られているほか、学校再開後も、学校の実情に合わせてカスタマイズして活用されるなど、取り組みの継続や充実が見られる。

（4）予算等による学校や市町の支援

休校期間中の対応を中心としながら学校再開後も視野に入れ、国庫補助金や臨時交付金の財源を活用し、10億円あまりの4月補正予算を計上した。

主な事業の概要は、高校の動画配信のための資機材整備やグループウエアを活用したオンライン学習システムの導入、小学校低学年児童の家庭学習用の本の配布、学校再開後に備えた学習支援員の配置など「学びの保障」にかかわるもの。スクールカウンセラー、スクールソーシャルワーカー等の追加派遣など「心のケアの緊急対策」。府立学校へのマスク・消毒液等の緊急配備や特別支援学校スクールバスの過密化防止のための増便など「学校衛生環境緊急対策」。給付金の新入生向けの前倒し給付、家計急変世帯への追加支援など「高校生等の就学支援」等である。

なお、ギガスクール構想に基づく小・中学校の児童・生徒用端末等の整備については、市町の所管ではあるが、今年度から府の教育庁内に新たに設けたＩＣＴ教育推進室を中心に各市町の支援に当たっている。たとえば、端末の調達にかかわる共同仕様書の作成や、業者との諸調整、共同調達に向けた指導・助言やさまざまな相談対応などを行い、費用負担の軽減や業務効率化への支援に努めてきた。また、市町村立学校の児童・生徒や教職員用のOffice365のアカウント配布も行った。なお、国の事業の前倒しにより各種事業が輻輳し、担当者は多忙を極めている。

3 学校再開後の対応等について（6月〜9月）

(1) 休校の影響と学習の遅れ等への対応

前述したように、府立高校では北部が5月25日から、その他の府立学校ではおおむね6月1日から学校を再開することができた。休校による授業日への影響は、20〜31日程度であった。府内の小・中学校のなかには7時間授業を実施したところもあるが、府立高校では生徒や教員の過度な負担を避けるため、長期休業期間の活用や学校行事の重点化で対応することを原則とし、土曜授業等を新たに実施することは認めなかった。具体的には、夏に15日、冬に5日の休業期間短縮を想定していたが、9月の時点で遅れのほとんどが解消できている。

市町の教育長向けにも、授業時数の確保ばかりにとらわれず、文部科学省の通知も踏まえ重点化等を図ることで、児童・生徒や教員の負担に配慮するよう求めたが、休校期間が長かった地域では、遅れをとり戻すことへの意識がより強く見られた。

一方、再開直後は不登校であった子どもが登校する現象も一部見られたが長続きしないようであった。不登校の総数自体は前年度と変わらないが、長期の休校の影響か、1日も出席しない児童・生徒の割合が高まっている。

再開後は、新しい生活様式を徹底するとともに、発声を伴う教育活動等に制約が出ているが、そうしたなかでも体育館など広い部屋を使ってリスクの伴う活動でもなるべく実施しようとするなど、各学校で工夫に努められている。

(2) 部活動、学校行事の対応

府立学校の部活動については、感染拡大防止の観点から、まず、泊を伴わない府内での対外的活動を認め、次に泊を伴わない近畿圏内での対外的活動も加えるなど、段階的に活動の幅を広げ、10月になりようやくすべての対外的活動を認めることにした。

一方、今年は春の選抜大会やインタハイなども開催されなかったことから、3年生を中心に何か記念の場づくりとなるような大会をぜひ開催してほしいとの声が強まった。このため、学校体育団体とも調整し、新型コロナウイルス感染症の影響で中止となった運動部活動の全国大会の代替となるような地方大会を団体主催で開催することとし、感染症対策等に必要となる経費については府が負担する仕組みを設け、7月下旬以降、団体ごとに大会を実施することとした。

また、7月以降、児童・生徒や教職員の感染者も少しずつ出はじめたことから、感染者の出た地域をはじめとして、体育祭や文化祭、修学旅行など学校行事の中止を決めた小・中学校が少なからず見られた。

府立高校では、大半の学校で体育祭等を実施したほか、修学旅行については大切な思い出となる行事なので、感染対策を講じ保護者の理解を得て可能な限り実施してほしいと校長に求めた。現時点（9月末）で、高校では日帰りに改めたごく一部の学校を除き、ほとんどの学校で修学旅行や研修旅行が実施される予定である。

（3）感染者等への対応

府立学校および政令市を除く市町立小中学校では、7月以降9月中までに、20名の児童生徒と4名の教職員の感染者が出ている。

各学校では、感染拡大に配慮した学校運営に努めているが、感染者が発生した場合には、文部科学省のマニュアルを参考に、地域の保健所と調整しながら、通常2日間前後、学校を休業にして対応を図ってきた。保健所で濃厚接触者を幅広に特定されることや、医師も予防的見地から発熱等の体調不良者に検査を促されるため、毎日、多くの児童・生徒や教職員のPCR検査情報が教育委員会に入ってくる。その動向を冷や冷やしながら追いかける日々が今も続いている。

府立学校の例では、検査者が一度に100人を超え、ドライブスルー検査の対応に学校が協力するという事例があった。また、高校で事務職員が感染した際には、当該校の事務職員全員が濃厚接触者となり出勤できなくなったため、事務長会に協力要請し、他校の事務長等に応援をいただくといった事例もあった。

幸い、我々が所管する学校では、学校のクラスター化や学校から外に感染者が広がった事例はなく、大半が家族等から感染した事例であったが、9月以降、府内の私学等で複数のクラスターも発生しており、引き続き、緊張感をもってウイズ・コロナ時代の学校運営を継続していく必要がある。

（4）予算等による支援

学校再開を踏まえ、6月議会においても、17億円あまりの補正予算が編成された。

主な事業の概要は、感染対策を考慮した少人数授業を実施するための教員配置や、消毒作業等のサポートに当たるスクール・サポートスタッフの配置、心の居場所サポーター、学習指導員の配置等の人的支援による「教育体制の緊急強化」、さらには、学校ごとにきめ細やかな学習保障や感染症対策を講じてもらうための学校裁量による運営費など物的支援に係る「学校教育活動再開」に係る予算などである。

人的支援では、市町の要望を最大限受けとめ、講師やスクール・サポートスタッフについて多人数の予算化を図り、人材バンクの設置等により確保に努めている。昨今の講師不足を背景に地域によっては確保がむずかしいところもあり、全体では概ね6～7割程度の充足に止まっているが、特にスクール・サポートスタッフについては、多忙な教員の業務負担の軽減に効果があって学校現場からも好評であり、継続した配置に努めていきたいと考えている。

4　終わりに

ここまで3月から9月までの7か月間をふり返ってきた。

この間、未知の感染症との戦いを通じ、誰もがたしかな答えをもっていないなかで、学校に進むべき方向を示すという教育行政の重要な役割を改めて強く認識した。

休校や再開、再開後の教育活動開始、感染者の発生など何か新しい対応が必要となるたび、学校側からは答えが求められた。教育委員会として判断に迷うこともあったが、生徒や保護者と向きあう学校が、行政機関の方針を背景に、安心して現場対応に臨めるようにすることはとても重要である。

同時に、教育委員会の判断や指示が、学校現場で納得を得られることが大切であり、通知等を発出する前には、なるべく府立校長会の理事会で現場の意見を聞いて調整を行うようにした。時間に余裕がないときには、会長や事務局長に相談して判断を行うよう努めた。国からはさまざまな通知や詳細なマニュアルが送付され、我々の判断には役立ったが、こうした膨大な資料を学校に横流しするだけでは伝わらないことも多い。コミュニケーションをとりながら共に積みあげ、それを事務連絡として流したものの方が現場では理解してもらえる。

今年度は、コロナの影響で例年4月に開催している府立の校長会が開催できなかった。学校再開から1か月を経て、学校が落ち着きはじめた6月末、ようやく全校長が参加する校長会が開催されることになったが、事務局長から私に、みんなの前でぜひこの間の取り組み等について話をしてほしいと依頼があった。講演をしながら久しぶりにお会いする先生方の顔を拝見していると、出会えた喜びや共に戦ってきたある種の連帯感のようなものを感じとることができた。行政のトップとして直接語りかけることで、私の思いが伝わっていたとしたら、とても喜ばしいことである。

今日も学校から生徒や教員のＰＣＲ検査の報告が入っている。我々はまさにウイズ・コロナの時代を生きており、依然、収束の時期はまったく見通せない。

この後、まだまだ予期せぬ状況に見舞われる可能性も否定できない。しかし、この間、正解のない問いに向きあってきた経験や気づきが大きな財産になったことはたしかである。こうした経験等を活かし、学校と意識を共有しながら、コロナの時代にあっても学びを止めないこと、そして、ツールとしてのＩＣＴの活用をはじめとしたＰＯＳＴコロナ時代の新しい教育の推進に努めていきたいと考えている。

困難をポジティブに乗りこえ、幸福な未来へ

熊本市立楡木小学校教諭
西尾　環

1　一斉休校要請と困難の始まり

私は、公立小学校に勤務する一教諭です。学校現場一筋で職務に当たり、まもなく定年退職を迎えようとしています。40代で経験した教務主任（専科）の5年間を除けば、他はすべて、担任として子どもたちと接する道を歩んできました。特に6年生担任を12回と最も多く経験しています。また、校務分掌でもっと多いのは研究主任で、数えてみると、17年にもなりました。ちょうど1年前のコロナ禍による全国休校の際も6年担任で研究主任という立場でした。プログラミング教育モデル校としての発表も終わり、卒業へ向けていよいよ本格的に取り組もうとする矢先の出来事でした。

令和2年2月27日（木）夕方に安倍首相（当時）の突然の全国一斉休校の要請。当然職員室は大騒ぎでしたが、それが翌日からどうなるか、まったくわからぬままでした。私はとりあえず、次週の学

習予定表を印刷して、帰路につきました。

帰宅してから見たテレビやインターネットでは、「これから学校はどうなるのか？」「首相の要請を自治体はどうする？」という話題にあふれていました。「冷凍食品の買い占めが始まった」「トイレットペーパーがないというデマに惑わされないように」と、社会へも大きな影響が出はじめていることが分かりました。私の心のなかでは、「もし休校になったら、卒業に向けて同僚や子どもたちとこれまで取り組んでいたことが、すべてぶっ飛んでしまう」という、残念さと悔しさがわき起こっていました。

2　前向きに気持ちを切り替えて迎えた最終授業日

みんなはどう思っているのだろうか？　私は情報を得るべくSNSを開きました。すると、不安や不満、困惑を多く述べる人たちのなかに、すでに「こうしよう」と前向きに考え行動している知人・友人たちがいることに気づきました。たしかに明日のことはわからない、しかし今後のことを予測しつつ、未来を構想することは大事だと、私も頭のなかを切り替えました。まだ、休校が現実化するのかどうか分かりませんでしたが、私はそうなることを覚悟し、「明日どうするか」を考え、行動の予定を立てました。

翌日の2月28日（金）は、時間割を入れ替えて授業に臨みました。登校してきた6年生もその意味を理解してくれました。来週から休校になる可能性もあることは、彼らも感じていたのでしょう。そして、学年で取り組んでいた「アートマイル共同壁画」を、みんなの力で午前中に完成させました。それと並行して、未修の社会の学習を少しでも進めました。昼頃には完全休校の決定通知が来ました。しかし、教室では、感傷に浸る余裕などありません。持って帰らせるべきものを整理したり、山のように積まれた印刷物を次々と配布したりしなければならなかったのです。5時間目は、ものすごいスピードで、それらのことを行いました。

6時間目は、最後の授業として、6年生全員が、広い運動場で思いきり全員遊びを楽しむ学級活動を設定しました。そして、完成した「アートマイル」の前で、みんな笑顔で記念撮影。これが小学校最後の授業になりました。いつもの笑顔で「さようなら」と手をふった子どもたちがいなくなった教室には、いつもとちがう静寂さが残りました。

ただし3月の休校中に「荷物を持ち帰る日」と「卒業式」の2回だけが臨時登校日として子どもたちと再び出会う機会が設定され、ほっとしたのを覚えています。

3　初めてのオンライン学習へのチャレンジ

その後3月の休校に入り、私は1つの提案を同学年教師や管理職にしました。それは半年前に学校に導入されていたタブレットを、6年生に家庭で活用させようということです。それまで学校では持ち帰りはまだ実施しておらず、私は教育センター指導主事へも相談をして、不安な質問へも答えられるように準備をして話をしました。そして、ようやく管理職からＯＫが出ました。その後教育委員会から5年生が持ち帰るようにという指示があり、本校では、臨時登校日から卒業式まで6年生、卒業式後に5年生がタブレット活用の学習をすることにしました。

臨時登校日までの1週間、6年部は、それはもう大変な日々となりました。登校日が6年生修了式日であったため、その日に通知表を渡すことにしたからです。急遽通知表を仕上げなければならないことはかなりの激務でした。それに加え、タブレットを持ち帰らせるための準備と持ち帰ってからの学習計画なども立てました。さらにほとんど練習していない卒業式をどう進めるか考え、登校日にそのやり方を子どもたちに指導しました。学年部の担任3名と教務・専科との連携でなんとかやり抜きました。

登校日から卒業式までの10日間、初のオンライン学習へのチャレンジが始まりました。6年生の当時のオンライン学習計画はこうでした。

1　ドリルパークで基礎・基本の補充学習と復習をする。（国語・算数・理科・社会）
2　未修事項を学び、未完成作品を完成させ、ロイロノートで提出する。（社会、図工）
3　総合の活用として探究型の課題を追究させる――Zoomでの発表を目標に。（総合）

家庭からのロイロノートでの課題提出は、とても効果的でした。子どもたちの学習状況が分かり、それをそれぞれの子どもにフィードバックできます。しかもカードのやり取りを通してコミュニケーションも図れるのです。もちろん初めて持ち帰ったタブレットが手元にあるうれしさのあまり、誤った使い方をしていた子どももいました。通信量が膨大すぎる家庭には連絡をして、子どもを指導しました（熊本のタブレットは市教委管理のLTEモデルです）。それでも休校中、保護者からは「タブレットがあって助かっています。自分で勉強するようになりました」といったような好意的な反応が多数ありました。

特に3については、私たちも子どもたちも初のチャレンジでした。「コロナ感染防止アプリケーションデザインの提案」という現代にマッチした課題を、各自で追究・提案するという学習を行ったのです。そしてZoomのやり方をロイロノートスクール上で伝え、ようやく実現できました。自分たちでやり方を学んで試し、私とクラスの子どもたちが初めてつながったときの感動は、今も忘れません。Zoomで画面共有のやり方も教えあいながら、調べたこと・考えたことを伝えあうという学習も実現しました。完全ではないにしろ、休校であっても学びを止めないために、教師も子どもも一緒になって、困難な課題を克服した達成感がありました。

オンライン学習は新たな学びを生みだす。そして子どもたちに力をつける。それを実感した2週間となりました。ピンチがチャンスに。前向きに取り組むよさを実感しました。

4　休校継続による困難と新たな学びの創造

子どもたちは、学年が上がっての新学期、新たな学校生活や学習に期待し、希望をもって登校します。学習・生活のルールづくりや多くの友だちや先生との新しい出会いのある大切な時期です。職員集団も職員構成や校務分掌が変わり、互いに協力して、新たな学校づくりがスタートします。ところが、新年度の休校継続という事態により、学校は「学力保障」や「豊かな人間性の育成」に十分取り組めないという困難に直面したのです。

始業式や入学式を臨時登校日という形で実施はできましたが、当然これまでとはちがった形になりました。多くの行事を中止・延期せざるをえませんでした。そのようななかで、「児童の命や健康を守ること」をいちばんに考えつつ、「児童の学びの保障」も忘れてはならないという視点で、休校期間中の学習にオンラインをできないかと話しあいをもちました。しかし学校全体でのオンライン学習は、容易にできないことが予想できました。

それでも幸い学校には（熊本市すべての公立小学校）、児童数の3分の1の台数のタブレットが導入されていました。春休み中に、市の教育センターで早々にオンライン学習の研修もあり、資料も提供されました。そこで、子どもが家庭で意欲的・主体的に学習を進めるために、ICTを活用した学びができるようにしよう、と学校全体で前向きに考え校内で研修をしました。保護者に対しては、全校一斉メールやフォームを活用して家庭で学習に使える通信環境や端末があるかどうかの調査を行いました。そして5・6年生⬇3・4年生と期間を区切って、オンライン授業をスタートすることにしたのです。そのために、休校期間中に2日ほど、臨時登校日を設けて、子どもたちにタブレットの設定や扱い方を教えました。初めてZoomに触れる学年は、目を丸くして学びました。

4月15日から、高学年のオンライン学習がスタート。Zoomによる朝の会では、画面上でも友だちと出会えることに笑顔が多く見えました。その後は学習課題を伝えてZoomを切り、子どもたちは主体的に課題に取り組みます。終わった子どもは、ロイロノートで学習物を提出するという仕組みです。「自分のペースで学べるからいい」「先生たちからの赤ペン入りカードが返却されるとうれしい」、そういった子どもたちの声も聞こえてきました。子どもたちとはオンラインでつながり、教員同士はリアルで長く関わりあいながら仕事をするという新たな授業スタイルを経験しました。中学年の教師たちは、高学年のオンライン学習を見学して、自分たちの授業に生かしました。

また、本校で学校You Tubeを開設し、まず6年生のなわとびの動画制作・配信をしたところ、保護者にも子どもにも好評でした。やがて他学年でも教師集団によるさまざまな学習の動画制作が活発化しました。身近な先生がインターネットを通じて学び方を提供しているところに、子どもたちは親近感を覚え、動画を見て学ぶというスタイルも経験しました。特にタブレット活用の計画がない低学年では、動画の配信を数多くしました。子どもたちのために笑顔で教材作成をする教職員集団の姿は印象的でした。教職員個々のＩＣＴ活用スキルも確実に向上しました。教師同士の学びあいも促進されたのです。教員集団がまさに協働的な学びを体験していました。困難な状況になればなるほど、教師同士が協力して課題を解決していくことが大切なのです。

5　同僚や仲間たちとの新たなつながり

休校期間中の後半には在宅勤務も始まり、職員の朝会をZoomで行うようになりました。Teamsによる情報伝達も次第に浸透していきました。ZoomやTeamsによる連絡や話しあいという学校内における新たな仕組みは、学校が再開された今も活用されています。職員室や教室に集まらなくても、私たちはつながり、情報を交換することができます。研修や会議さえできるのです。時間や場所にとらわれず互いがつながれることは、教師の働き方改革にも大きなヒントを与えてくれます。

そして、Zoomなどのオンラインは、学校内だけでなく学校外の教師ともつながりやすくなりました。私は4月に熊本市内のオンライン学習実践者を探しだして声をかけ、7人で情報交換会Zoom会議をスタートさせました。それぞれの学校で通常学級担任、特別支援学級担任、研究主任、情報教育主任、校長などさまざまな職にある教員の顔ぶれです。私は自校のオンライン学習開始前、時間があまりないなかで、多くの悩みを抱えていました。校内であまりタブレットを使ったことがない子どもや先生たちへの広め方は？　オンラインでの健康観察やZoomを使った具体的な授業例は？　機器の管理やトラブルへの対応は？　たくさんの課題が山積みでした。もちろん校内の教職員でも共に考えてはいましたが、皆初めてのことで、目の前のことをやるだけで精一杯だったのです。私の頭のなかは、いわゆるどん詰まり状態でした。そのような状況のなかで開いた情報交換会で、互いの学校の状況や困り感が分かってきました。そして、自校でも生かせる情報やツールを互いに提供しあったり、共通した課題の解決方法を参加者全員で考えたりすることができ、オンライン学習の実施へ光明が見えました。その後も、この会は休校中の2か月のあいだに5回、学校再開後にも1回行い、参加者も20人ほどまでに広がりました。

そしてコロナ禍をきっかけにさまざまな研究会や研修会がオンラインで行われるようになりました。リアルで顔を合わせることが少なくなった反面、多くの研修会に参加できるようになりました。

このような会に参加することで、情報交換や学びの場は広がります。そこで得たものを子どもたちの教育に生かす姿勢が最も大切なことです。

6　未来を創る子どもたちのために

6月になってようやく学校は再開しました。コロナ感染防止を最も重要課題として捉え、消毒の徹底や密を避けた新しい生活様式や学習様式を、継続して学校のなかでも行っています。行事や学習について、本当に意味のあることなのか、目的は何なのか考えるいい機会になりました。5月の最後の週は、学校再開に備えた分散登校を行い、さまざまな学習や学校の形があることを、私たちは次第に実感するようになりました。

現在も、子どもたちはマスクをはめて授業に臨み、机を互いにつけず、対話は少ない形です。給食前後の消毒や日々の教室消毒も欠かせません。昨年まで行っていた地域や他学年との交流活動もありません。しかし、タブレット上での意見交換はできますし、全員の意見を1つの画面のなかに集約することはできます。動画を使った新たな学習成果物や他学年との交流も可能であり、楽しく学べることを多くの教師や子どもが実感しています。

本校の5・6年生では、保護者への集団宿泊教室や修学旅行の説明会を、Zoomで行いました。多くの保護者の参加があり、また夫婦や親子で参加していた家庭も多くあり、リアルよりも効果的な場面があったことも事実です。

まもなく行われる運動会も、分散開催で、それなりに工夫したソーシャル・ディススタンスをとる計画です。本来ならできることがなくなった分、工夫を凝らします。種目をグッと減らし、保護者の参観の仕方を変えました。いつものような運動場周囲への個人テント張りを禁止することで、開門時の問題が解消されるでしょう。

これまで通りできないことは、新たな課題となります。しかし、考えを変えて、課題をちがう視点から見て工夫することで、課題が新たな取り組みを生み出すきっかけとなります。教育とは時代とともに変化していくもの。今の子どもたちの学びが、将来自分が生きていくうえで本当に役立つ糧となるよう、私たちは彼らを支え、応援する立場となるべきではないでしょうか。私たち教師は、これからも、子どもたちの学びを生かすファシリテーターであり続けたいものです。新しい幸福な未来を創る子どもたちのために。

コロナ禍で得たもの

東京都小平市立小平第三小学校教諭
向 祐佳

1 突然の休校

いつものように、帰宅し、家事に追われていると休校の知らせが飛びこんできた。それまでは自分に関係のないことのようにとらえていたことに気づきつつも、まず頭に浮かんだのは「たまっている仕事ができる！」「教材研究の時間がたくさんとれるかも！」といった仕事のことばかりで、自分の子どものことは二の次になっていたことをここに白状する。それほど教職という仕事は日々多忙である。以前、中学校で担任をしていたころは帰宅が21～22時になることは珍しくなく、わが子は一緒に暮らしていた母が育ててくれたようなものである。

末娘の出産をきっかけに、一度退職をし、あらためて2年前に小学校の音楽専科教員になってからは、13クラスを受けもち、発達段階やクラスの子どもたちの実態によって、授業の組み立て、内容、進度、言葉かけを工夫し、教科書を補助する自作教材を数多く作っている。学級担任業務や部活動、そして進路指導（本当はキャリアカウンセリングといいたいが、現状は進路指導である）がない今でも仕事に追われている。

そんな多忙な日々を送っているなかでも、「休校になる」と聞いて「うれしい」とか「楽ができる」とかと考えた教員は少ないのではないだろうか。

2 校務分掌「情報課」の担当メンバーとして

私はもともとＩＣＴ教育をどんどん進めていきたいと考え、実践を続けてきた。たとえば、前任校では生徒会で映画を製作するなど、ＩＣＴを使って行事の主題や目的を子どもたちに意識させていく取り組みをしていた。今回、休校にあたり児童とコミュニケーションをとる手段をイメージしたとき、まずＩＣＴが頭に浮かんだ。この状況下で、最初にできるのは、学びを止めないための動画配信だと考え、校長を通じて教育委員会に相談をした。

しかし、セキュリティの問題によってYoutubeでの配信は現状では不可能とのことだった。落胆したが、諦めたくない私は、それを聞いた次の瞬間から様々な動画配信の方法を模索した。自分でインターネットサイトを作る、広告のないブログサイトに動画を上げる、Googledriveを利用する。Blogを利用するなどを試みた。ただ、Wi-Fiの使えない学校なので、動画を何度もネット上に上げるために試行錯誤を続けていたら、自分が契約しているプロバイダのデータ通信料がかなりかさみ、自払いすることになった。

それでも、人脈を使ってさまざまなアイデアを得るとともに、動画づくりを進めた。校長も教育委員会に働きかけたり、学校の設備を整理したりして、たくさん後押しをしてくれた。同時に他の区市でオンデマンド授業を始める学校が出てきて、4月下旬くらいには、勤務校の自治体でも、動画配信（オンデマンド配信）が認められるようになった。ただ、それは条件つきであり、PCやiPadなどの端末を持っていない家庭が不利益を被ることが懸念されるので、学習活動は行ってはならないとのことであった。したがって動画製作にも工夫が必要で、自作の教材を作ったり、友人に頼んで演奏動画を作ってもらったりした。PowerPointやKeynoteを使って組み立てていったり、ナレーションを入れたりしていると、気づけば夜中の3時……ということもあった。しかし、教員というのは持ち帰り仕事が当たり前の職業であり、深夜まで仕事をしている教員もざらにいる。普段と変わらない長時間労働が続いた。

Youtubeによる動画のオンデマンド配信に続き、同時双方向型の活動であるZoom朝の会の計画も始めた。教職大学院でICT教育を研究していた教員がリードしてくれて、市内で一番最初に着手することができた。しかし、端末を所持していない家庭の対応をどうするかという問題があり、その解決が迫られた。そこで家庭のICT環境についての実情を調べるため、アンケート調査を行った。その結果、全校児童のなかで、端末を所持していない、または保護者の都合で使えない児童は2％で、10人ほどである。10人ほどならば、学校の端末を使わせることができるので、その子たちを登校させて学校で視聴させることにし、「お試しZoom朝の会」を始めることにした。

しかし、Zoomがどういうものなのかわからない保護者と児童に、いきなり「朝の会を行います」というわけにはいかない。そこで、前もって保護者と児童がZoomの各クラスの部屋に入る練習を行った。この練習は保護者が在宅の夜8時から9時過ぎ頃までという時間設定で、私たち教員は勤務時間外であったが、そんなことを言っている場合ではなく、情報課の教員で交代しながら行った。実際にやってみると、どうしても入室できない児童や、ミュートしないで騒いでしまう児童がいたり、声が聞こえなかったり、途中で音声が途切れてしまったりして、Zoomの部屋は「カオス」だった。私たち情報課の教員のなかでも、若手の教員やICTに詳しい教員が中心となって対処していたが、毎日続くこの業務はかなり大変だった。

その甲斐あって、担任がホストになって行うZoom朝の会はスムーズに行われた。昨年度末に休校になり、新学期になってクラス替えや新担任の発表後も顔を合わせられなかったクラスメイトとも交流ができ、休校中に取り組んでいたことや、趣味の話、休校が明けたら食べたい給食の話などで、盛りあがった。盛りあがったといっても担任が主導する朝の会なので、子どもたち同士が直接会話する場面はなかったのだが、画面上のチャットでひとりが「おはよう！」と書きこむと次々に「おはよう」「やっほー」などの書きこみが続いた。慣れてくると少々乱れた言葉をなげてくることもあり、他の子がそれを注意する様子も見られた。

このことから子どもたちは友だち同士の直接交流がしたいのだろうなと感じた。やはり、直接会うこと以上に親近感をもてる手段はなく、子どもは五感を使って人と交流しながらさまざまなことを肌で感じながら成長していくのだということを実感した。その一方で、興味深かったのは、普段は積極的に友だちと交流しない、むしろ会話をすることを避けている子が、チャットになると積極的になるということであった。普段は自分から話しかけることもなく、促されても声が出ない子が、自ら「おはよう！」と言う（書きこむ）のである。それも誰よりも早く。この子たちにとって、ネットを使った交流は自分を表現できるツールであり、支えにもなっていくのではないだろうか。

また、年度末から年度始め（5月29日まで）の休校だったので、転校してきた子たちの存在を知らずに過ごしていた子どもたちに、オンライン上で転校生の名前と顔を紹介し、自己紹介の場を設けるなどの取り組みを行った。新しい土地に慣れない状況で、クラスメイトの顔を知らないまま不安を抱えていた転校生たちにとっても、お互いを知りあうことで、大きな安心感を得ることができたようだ。この取り組みを通して学んだことは多く、子どもたちの笑顔を見ると本当にやってよかったと思った。

この後、6月12日まで、午前と午後に分かれた分散登校が続いたが、午後グループの生活リズムを整えるためにZoom朝の会を続けた。担任は教室で子どもたちを迎え、管理職と専科の教員がZoom朝の会を担当した。管理職はとても協力的で、休校明けで生活リズムが崩れがちな子どもたちへ、元気が出る話をしたり、体操やクイズをとり入れてくれたりした。ほかにも、専科教員によるリズム遊びや、学校司書からの本の紹介、新しく赴任したALTの紹介、給食調理員の紹介とおすすめ給食などの話をして、学校への興味関心がもてるように全教職員が協力して配信した。ただ、ネット環境が影響して、スムーズにつながらなかったり、途中で切れてしまう家庭もあり、朝の会の途中で「声が聞きとれません」「途中で切れてしまうのですが、何とかなりませんか」というような電話が学校にかかってきて、その対応をしたり、接続トラブルについて説明するため、メール配信する必要も出てきた。

また、学校は恒常的にマンパワーが不足しているので、どうしても各家庭にきめ細やかな対応ができない場合もあり、不満をもつ家庭もあった。

3 休校中の取り組みに関する保護者アンケート

そこで保護者を対象に、今後のICT活用について、改善と推進のためのアンケートを行った。ICT活用について満足、不満などの結果はグラフ（次頁）のような結果だった。

「とても満足」と回答した家庭の自由意見は、以下のとおりだった（個人情報保護のため、個人が特定されないように要約して記述）。

◎ 新しいクラスに、同じ保育園だった友だちがいなくて不安に思っていましたが、Zoomがあって本人も楽しそうに毎回参加できたので良かったです。子どもはYoutubeも何度も何度もくり返し見ていました。先生方の熱心な取り組みに、本当に頭が下がる思いです。改めて御礼申し上げます。

◎ 課題の指導動画がとてもよかった。動画を見ながら、先生の声を聞き宿題に取り組むことにより、個人授業のような感覚で学習できた。

◎休校になってからは、もう学校に行きたくないといっていたのですがZoomが始まってから先生や友達とのつながりを感じたのか行きたくないと言わなくなり助かりました。

◎Zoomの朝の会は、先生やお友だちの顔を見られて気分が明るくなり、子どもも毎日楽しみにしていました。今後もＩＣＴを活用した取り組みを期待しています。

◎休校中、不安な生活を送るなかで、YouTube動画の先生方からのメッセージは日常を感じることができてとてもうれしく励みになりました。ありがとうございました。

◎自粛が長かったのもあり、Zoom朝の会はとても喜んでました。みんなともっと話しがしたい、意見の交換がしたいなと話していました。

◎子どもが発達障害をもっていて、学校に行きたがらない日もあります。欠席したときにオンデ

図　ICTの取り組みへの満足度

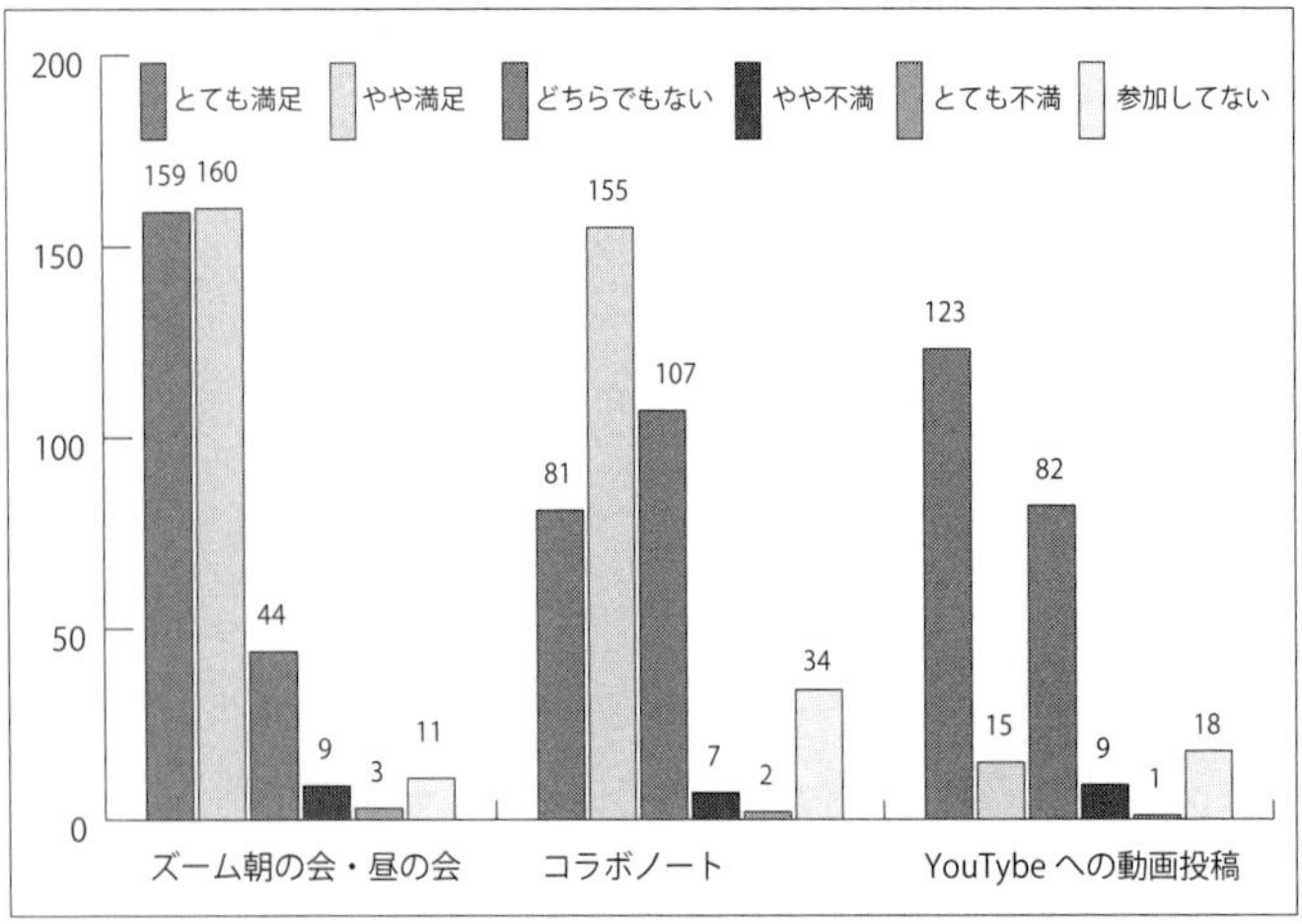

マンド授業を見るということができたら、学びを止めることなく、成長していけると思いました。

◎クラスも担任の先生も変わり、学校との距離が開く一方だったところを、学校再開へと導くために有効だった。

◎読み書きの能力に困難をもつ障害があるため、ＩＣＴはなくてはならない学習ツールです。今後も期待しております。

◎Youtube や Zoom によって学校とのつながりを感じられ、親子ともども安心できた。特に、午後登校の日の朝の会は、メリハリがついてとてもありがたかった。

これらの肯定的な意見が大半で、こちらとしてもうれしい反応だった。特に発達障害をもつ子どもにとっては、「オンデマンド配信」や「同時双方向型活動」は、非常に有効だったということがわかった。

一方で、少数ではあったが「やや不満」と回答した家庭の自由意見は以下のようなものがあった。

◎もっと早い段階で実施していただきたかったです。

◎新しいことを教え教わるのは親も子もかなり負担に感じました。

◎時間割もきちんと管理してほしい

◎休校期間が３か月もあったのだから、オンライン授業をやってほしかった

◎ 共働きなので、子どもの課題を手伝う時間が充分とれず困った。
◎ 課題が少なすぎて何をやったらいいのかわからなかった。
◎ あれだけの量の課題を出すのであれば、親が丸つけをするのはむずかしい。授業がないので職員が丸つけをできたのではないかと思います。

このような意見から、コロナ禍の休校により、保護者も困惑し、学校への期待・要望が膨らんでいる様子が感じとれる。学校としてもできれば保護者の要望に応えたいのだが、最初のアンケート結果により、全家庭にタブレット等があることの確認ができなかったため、学習指導的な内容は行うことができなかった。家庭でのZoom参加がむずかしい児童については、前日までに電話連絡の上、学校での参加を可とすることを、文書やメール等で予め伝えていたが、充分な周知徹底を図れなかったという課題が残った。休校中の課題（宿題）の回収と丸つけについては、教員に対して自宅勤務の方針が出されており、個人情報保護等の視点から自宅に各児童の課題を持ち帰って作業することができなかったため、回収・丸つけができず、家庭に負担をかけてしまったというおわびを文書で伝えた。

4 音楽専科の教員として

手作りのオンデマンド配信は好評であり、動画を20本ほど作った。分散登校まではＩＣＴ教材をできるだけたくさん作ろうと一生懸命に取り組んだ。そうしているうちに午前グループと午後グループに分かれての分散登校が始まった。

分散登校中はクラスが半分に分かれるので、ひとりひとりにていねいに教えることができるし、目が行き届くので、整然とした雰囲気のなかで授業を行うことができた。20人学級が実現するといいな、と実感した2週間だった。消毒作業も始まったが、最初のうちは久しぶりに子どもたちと会えた喜びが勝って、苦とも思わなかった。

そして、通常登校が始まった。まず困ったのは歌唱とリコーダーができないことである。今まで授業内容の半分以上を占めていた実技ができなくなったことで、頭を使い、創造性を発揮しなければならなかった。休校中に製作したICT教材が非常に役立ったし、コロナ禍でしかできないことがあるはず！　と普段はじっくりできない音楽づくりや楽典などに取り組ませた。しかし、授業は生モノであり、クラスの子どもたちによって実態がちがうので、さらに教材研究を重ねて、クラスごとに内容を変える必要があった。これはコロナ禍でなくても同じなのだが、歌唱とリコーダー抜きで45分を組み立てなければならないため、授業の構成を一から考えなければならなかった。そのうえ、今年度は13クラスを担当することになり、多い週だと24～25時間に加えてクラブ・委員会の授業をこなさねばならない。心底、コロナ禍でこの時数を担当したことを後悔した。音楽専科を経験した人にしかわからないことだが、音楽の授業は肉体労働である。4～5時間続けて授業を行えば、声が枯れることも多々ある。一時は声が出なくなってしまったこともあった。

5　子どもたちの変化

休校明けからしばらくは、新しいクラスが新鮮で、張りきって登校していた子どもたちも、数週間後には疲れた顔を見せるようになった。熱中症になりそうな暑い日々が続き、毎年楽しみにしているプールの授業や校外学習、行事がなくなり、マスクをしながらの授業が続く。大人も苦しいと感じる環境で、子どもたちは本当によくがんばったと思う。

そのなかで、さまざまな問題行動が表出した。特に、枠にはめられるのが苦手で、支援を必要とする子どもは教室で座っていることができなかったり、友だちと協調しながら活動することがむずかしかったりと、本来の良さが陰ることもあった。教員はその対応に追われ、疲れて余裕がなくなる。そんな悪循環がずっと続いて、本当に苦しい日々を過ごしている。

6　最後に

コロナ禍で、痛感したことが「余裕あっての教育だ」ということである。現状は、余裕があるとは決して言えない。

しかし私はあきらめたくないと思っている。現状で何とかしたいと考え、何度もトライ&エラーをくり返して、自分なりの授業システムを構築してきた。どの子も安心して授業が受けられる授業システムを研究し、実践し続けている。それは誰のためか？　というと「自分のため」である。自分が余裕をもつことで感情コントロールができ、肚《はら》が据わる。すると、子どもたちに目が届き、一人ひとりの表情がよく見えるのである。

自分を大事にしないで、自分を犠牲にして人につくす時代は終わった。自分を大切にできない者が他人を大切にすることなどできないのである。これからは、自分を大切にするために、効率的に時間とエネルギーを使う方法を創造していかねばならないし、「できないことはできない」と断る力も必要だと考えている。それが時間と心の余裕につながり、子どもたちを育む力のみなもとになるのはまちがいないからである。

新規採用職員奮闘日記――新しい自分に出会う

神戸市立住吉中学校教諭
北村陽輔

こんな状態が続くとは、予想もしなかった。それは私だけではなく日々現場で奮闘していらっしゃる全国の教職員もそうに違いない。新型コロナウイルス感染症拡大に伴っての完全休校および分散登校。令和2年4月7日、新学期がスタートする日。少し肌寒くもあるさわやかな日差しと風が舞いこむ教室に生徒の姿はなかった。

1　頼れる先生方との出会い

令和2年度、私は新規採用職員の初任校として、兵庫県神戸市立住吉中学校に勤務することになった。この学校は、南を向けば瀬戸内海が見え、北を向けば六甲山が見えるという自然豊かな場所に位置している。四季折々の美しい表情を見せてくれるこの環境に心を奪われ見とれてしまうこともしばしばである。また、地域の祭事であるだんじりなどの催し物が盛んな場所でもあり、自然あふれる環境と地域の方々との温かい交流のなかで情操教育が行われやすい環境である。神戸市立住吉中学校は昭和22年に設立され、今年で創立75年目を迎えている。昭和38年に職員会議で提案された言葉が「自分を大切にすると共に他人のことも考えよう」で、現在は学校の教育目標となっている。この言葉は、生涯私の心に残るであろう言葉となっている。

4月初旬、私は朝から緊張が続いていた。その日は私が所属することになった学校の教職員の方々と初めてお会いする日だったからだ。所属学年は2年生である。勤務前の事前打ち合わせのときにも、住吉中学校の管理職の方々や所属する学年総務、教務の先生方とは顔合わせを行っていた。しかし今日は、「よろしくお願いいたします」という言葉で終えた事前打ち合わせとは違い、これから年間通じてお世話になる教職員の方々と自己紹介を含め、学年運営などについても話し合いをすることになっていたからだ。気が張りつめ、「うまく話せるかどうか」という不安のなかで学年打ちあわせが始まった。私は、初対面の相手と話すことは苦手ではないが、相手との距離感や関係性を気にして気を遣いすぎる性格がある。

打ち合わせが始まっても緊張感は続き、「この緊張の糸はいつになったらほぐれるのだろう」と不安に思った。それが頭から離れなかった。ひょっとしたら、1年が経過しないと解決しないかもしれないという気持ちも湧いてきた。しかし、同学年の先輩教職員の方々と、一緒に仕事をする時間を共有していくうちに、余計な心配であり杞憂だったことに気づいた。私が所属している学年の教職員の方々は行動的で、気が利く方が多い。校務分掌に決まっていない仕事や、人手不足のときなどは率先して動ける方々ばかりだった。私もそんな諸先輩方に囲まれて仕事をすることで、私自身にも率先して取り組もうという気持ちが芽生えてくる。

そして一緒に教育活動をすることで新しい発見ができている。なかでも総務、副総務の先生方の視座は本当に高く、日々の生活や行事を行うときに注視する点について納得できる発言をしてくださる。そして新型コロナウイルス感染症という未曽有の状況下でも、冷静に物事を運んでくださる安心感がある。

例えば、「コロナのストレスもあると思うけど、最近生徒同士で相手を大事にできていない発言が増えたり、授業2分前着席ができていなくて落ち着きのない生徒が少し増えてきとうから、ちょっと朝の集会で、みんなよう我慢して生活できてるから、みんなでもうちょっとだけ辛抱して学校生活送っていこう、っていう話を混ぜようか」、「クラスの雰囲気どうなってる？　ウチのクラスは元気やけどちょっと私語あるし、もうちょっと切り替えがよかったらもっといいんやけど、北村先生の学級はどうかな」というように話しかけてくれる。

最初はそれらの会話を聞いて、私自身「気づけてなかった」や「できてないわ」というネガティブな捉え方をしていた。しかしあるとき、先輩の先生が「ぼくもよくわからないこともあるし、最近のクラスの状況とか生徒のこととかまた話そう」と言ってくださり、心がとても軽くなったことを覚えている。それから私自身も何かあったら「最近の生徒の様子はどんな感じですか」とか「直近の締め切りの課題って何かありましたか」と気を張ることなく質問ができるようになった。このように私がまだわかっていないことを受けとめてくださる環境がある。それが安心感につながっている。

初任者である私は、同僚の先輩教職員の方々と一緒に仕事をしていくことが一番の学びになっている。それは以前の私であれば気づけなかったことや、わからなかったことが少しずつ分かるようになり、成長しているという実感を私自身が感じられるようになったからである。そしてもっと諸先輩方から吸収していこうという気持ちになっているからだ。

2　支えられて成り立つ活動

私の校務分掌は以下のようになっている。

学校運営組織の配置　学年・学級所属　2年　担任　国語　北村陽輔		
校務分掌	校務Ⅰ　教務部	「文集」の企画・発行
	校務Ⅱ　管理部	校具の点検
	学習指導部	力のつく授業、学力向上
	生徒会関係担当	文化委員
	部活動顧問	女子ソフトテニス部

そして、学習指導部主導で行われる学力向上への取り組みとして設けられている研究グループのとりまとめをすることになった。どの業務も初めての行うものばかりで、右も左も分からないなか、新

年度が始まった。

部活動の顧問は女子ソフトテニス部。私は、常勤講師として時間勤務した高校で、テニス部の副顧問をしたことはあるが、ソフトテニス未経験者である。運動は苦手ではないが、ラケットなどの道具を使った運動経験がない。もともとサッカーを10年ほどやっていて、かなり熱を入れて練習していた。親にも多大な労力と迷惑をかけた。高校進学はスポーツ推薦をいただき高校進学することもできた。教職員になるにあたって、部活動は大切な教育活動の一環であるから、この経験を活かし子どもたちを育てることができればという想いをもっていた。

だが、勤務校にサッカー部がなく、部活動の顧問は女子ソフトテニス部になった。ソフトテニス部の顧問に決まったとき、顧問をしたくないとか、できないという思いではなく、未経験の私が指導しても大丈夫だろうか。生徒に迷惑をかけないだろうか、という思いにかられた。そんなときもう一人の顧問の先生から「大丈夫、何とかなるよ！」、「先生が熱心にやっていれば子どもはついてくるよ」という言葉をかけていただいた。ソフトテニス経験者で、以前から女子ソフトテニス部の顧問をされている。その経験豊かな先生の含蓄に富む言葉を聞いて「そうか、なんとかなるか。とにかく、やるしかない」と気持ちを切り替えることができた。案ずるより産むがやすしである。

最初は当然ソフトテニスのルールも分からず、部活動のルールも分からなかった。しかし、一緒にボールを打ち、共に汗を流し、部員との会話も増え、少しずつ手ごたえを感じることができた。テニスとソフトテニスは、同じテニスでも異なるスポーツで、もちろんルールもちがう。しかし常勤講師のときにお世話になった先生からは、「やってみせ、いって聞かせて見せてみせ、ほめてやらねば人は動かじ」という言葉を大事にしているということを教えていただいていた。生徒に対しては規律を重んじるとても厳しい先生だったが、情が厚く、生徒からの信頼は厚かった。その先生は生徒のことを常に考えていた。そして生徒の活動を具体的に認め、生徒に気づかせる、わからせるという指導をされていた。私自身、そこまでのことはまだまだできないが、生徒の前で自分なりに学んだことをまずはやってみせて、できたことを褒めて一緒にプレーする。臨時講師のときに学んだこと、そしてもう一人の顧問の先生の言葉を大切にして、ソフトテニス部の生徒たちと接するうちに、手ごたえを得られるようになった。

部活動以外の校務分掌にもまだまだわからないことや不安なことは多い。学級担任もそうである。しかし生徒との対話を大切にして、生徒の新しい一面を引きだしていく。そして生徒自身が新しい自分と出会えるように私自身も日々研鑽し、実践していく。

3　失うことで気づけたこと

新型コロナウイルスによる学校の休校、分散登校の状況、仕事を進めていくうえで困ったこと、悩んだことは「見えないことへの苦慮」である。

4月、新型コロナウイルスによる学校の休校措置がとられた。休校期間中に教職員は生徒に対し自宅学習用の課題を作成し、学校のホームページから配信した。自宅課題のための手順書を作成し、生徒が一人でも学習ができるように工夫した。また、その間、教職員は生徒と同様に、在宅勤務となった。ゴールデンウィークが明けてからは、分散登校となった。分散登校は、1クラスの生徒を出席番号で午前と午後の登校区分にふり分け、登校してくる生徒を半分以下にして、対面授業を行った。5月は、週に一度の登校だったが、6月になり、中旬から通常登校に戻るための準備として、週に一度の分散登校ではなく毎日登校することになった。

生活リズムが乱れ、昼夜が逆転している生徒もいた。「元の生活に戻れるかという不安」を抱えた生徒も少なくなかった。6月中旬以降、通常通りの登校となり、部活動も再開された。少しずつ元の学校生活へと戻っていった。この期間は考えることが多かった。それは「見えないことへの配慮をどうするか」ということだ。その配慮は2つある。

1つ目はウイルス対策である。この4月から6月中旬までの期間、教職員は、学校内の消毒作業に追われた。新型コロナウイルスの感染を防ぐために、生徒が使用したものはすべてアルコール、次亜塩素酸水を用いて消毒をしていた。例えば、階段や廊下の手すり。トイレのドアノブ、レバーや押しボタン、生徒一人ひとりが使用した机とイスなど数えあげるときりがないほどの箇所を消毒した。目に見えないウイルスだから「どこまでやればいいのだろうか」「通常の学校運営に戻った場合、感染予防の対策はどこまでやるのか」という不安を教職員間で何度も話しあった。また教職員にも家族がいる。複数の人間が一か所に集まる学校は感染リスクが高く、クラスターになりやすい。そういった環境で仕事をするストレスも大きかった。

2つ目はコロナ禍で生徒が抱えるストレスの問題である。生徒が抱えるストレスをどうすれば緩和させることができるのか、ということに頭を悩ませた。新型コロナウイルスのせいで制限された活動は少なくない。日誌に「早く部活動をやりたい」、とか「分散登校で久しぶりに友だちに会えたのはうれしいけど、やっぱりいつもの学校に早く戻ってほしい」と書かれていた。また分散登校中に生徒と話をしていると、「マスクっていつまでせなあかんの。ほんま息苦しい」ということを訴えてきた。

このように新型コロナウイルスの影響は大小さまざまであるが、目には見えない形で生徒は確実にストレスを受けている。休校以来、生徒の活動の場は家庭のみになり、外で運動をすることもままならなかった。4月は、何度か地域の方から、「生徒と思われる子どもが公園で遊んでいる。見回って注意してほしい」という電話がかかってきた。私は「どういう状況だったんだろう。やっぱり一緒に遊びたいよな、家で一人でこもっていても楽しくないしな。でも、その気持ちも分かるけど地域の人も一緒に住む場所やから、今はコロナのことを考えて我慢やな」と思うしかなかった。以前であれば、放課後の部活動や仲のいい友だちと学校で会い、他愛ないもない話をしてストレスも発散できたはずだ。しかしそれはできない状況だった。

そして5月に分散登校が始まり、少しずつ生徒同士関わり合いが戻り始めた。しかし午前と午後に分けての登校になるので、クラス全員で顔合わせができる日はまだ来なかった。マスクをしての登校になるので、顔の半分はわからず表情も読みとりにくかった。当然、大声を出すことはできず、触れ合うこともままならないので、学級開きも制約された条件のなかでしかできなかった。こんなときだからこそ身体を動かしたりするなど、楽しい活動ができればいいと思ったが、叶えることはできなかった。そもそも生徒がどれくらいストレスを感じているのかもつかめなかった。

生徒が「めっちゃストレスやったわ」と言ってくれるほうが分かりやすい。一緒に話をして落ち着ける環境を作ることができる。多くの生徒は、ストレスを感じているもののそれらを言語化できず、言葉使いが悪くなったり、人に当たったりするようになっていた。しかも、初任者の私は、初めて顔を合わせる生徒ばかりで、この状態から信頼関係が築けるのか不安だった。

6月からの一斉登校。登校できる実感を噛みしめながら生徒がやってくる。通常の一斉登校が始まった日に学年集会を行った。生徒も久しぶりに同じ場所で学年のみんなに会えた。集会では、学年総務の先生が「コロナで苦しんでおられる方々、そして最前線でコロナと闘っている医療従事者の方々もいる。私たちが気づかない身近なところでそういう方々がいらっしゃるかもしれない。だから相手の立場にたって発言するようにしてほしい」という話をされた。私は初めて学年集会に参加したのだが、真剣に話を聞いていた。もう二度と以前のような休校、分散登校措置に戻りたくないという想いがあったのだろう。

少しずつ元の生活に戻り始めたある日、担任をしているクラスの男子生徒が「やっぱり学校があるほうがおもしろい」という話をした。その発言につられて、多くの生徒が私のほうを向いてうなずいていた。生徒たちが日々の活動をつづっている生活ノートにも「学校が始まって、久しぶりに友だちに会えて話ができて楽しかった」と書いてくる生徒が多かった。私はそれを見てやっぱり学校はいい場所だと改めて思った。

新型コロナウイルスによって失ったものは本当に多い。人生で一度しかない大切な時間がどうすることもできず奪われていった。しかしその反面、当たり前にできていることがどんなにかけがえのないことなのか私自身も気づけたし、生徒自身も気づけたのではないかと思う。当たり前に学校に来て、当たり前に授業をすることができる。そういう環境に感謝し、生徒と共に教育活動を取り組んで行こうと思った。

4　新しい自分に出会う

令和2年11月。今日も生徒が学校に登校してくる。4～5月とはちがい生徒がいつも通り登校してくる。以前のように教室に生徒が誰もいないということはなくなった。学校に着くと、手洗い、うがいをして教室に入ってくることも習慣になった。授業も通常の状態とは異なり、物の貸し借りは禁止、大きい声は出さないなど配慮しなければならない点があるが、ほぼこれまで同様に行うことができる。体育会や文化祭などの行事も縮小したものの実施することができた。そういう日々の時間の流れのなかで生徒が成長しているのを感じる。人格が磨かれていき、言動や考え方が変化してきているのだ。生徒は気づかないうちに新しい自分と出会い続けている。そんな生徒の成長をそばで感じられることの仕事は非常に意義深く充実感を感じる。新しい新鮮な気持ちをそばで感じられるのは贅沢なことだ。私自身も学びつづけ新しい自分と出会い、生徒とともに変化を受け止め充実した日々を送っていきたい。

また、これらの教育活動は諸先輩方からのアドバイスやサポートなくしては成り立たない。先生方に感謝の気持ちをもって過ごし、日々の活動に邁進していきたい。

新型コロナウイルス感染症拡大に伴い学校教育が直面した課題と現状

鹿児島県立蒲生高等学校教務主任
德永則幸

1 学校をとりまく地域の実情

鹿児島県立蒲生《かもう》高校は、鹿児島県の中心部、姶良《あいら》市の西に位置する、普通科・情報処理科併設の小規模校である。普通科2学級、情報処理科1学級、生徒数240人足らずで、職員数は正規・非正規あわせて45人、生徒の7割は地元姶良市内の中学校から、残りは隣接する霧島市、薩摩川内《さつませんだい》市、鹿児島市から通学している。学校周辺は開放感にあふれた自然豊かな田園地帯であったが、市町村合併で現在の姶良市となって以降、人口の増加に伴い田畑は宅地化が進み、あっというまに住宅が建ち並ぶようになった。立地する旧蒲生町は、日本一を誇る巨樹大楠と蒲生和紙が有名で、近年では「カモコレ」と称した町おこしが盛んとなり、古民家カフェや地元産品を販売する「くすくす館」が人気となっている。伝統文化と最新のトレンドが共存する、時間がゆっくり流れる至極の環境である。

蒲生高校の子どもたちは、このののんびりとした環境で育ち、他と競争することにあまりこだわらず、ゆっくりと自らの将来目標を探し、自分のペースで学んでいる。体育祭、文化祭、ロードレース大会や、学校行事実施前の校内ボランティア清掃活動にも多くの保護者が参加してくれる。始良市内には県内有数の進学校である県立加治木高校、県内有数の工業高校である県立加治木工業高校、看護系専門校高校である私立龍桜高校、隣接する霧島市には進学校の県立国分高校、スポーツ系学科と農業・生活系の市立国分中央高校、職業系専門高校である県立隼人工業高校などがある。

さらに鹿児島市内に目を向けると、鹿児島市をとり囲む市町村から学業優秀な生徒が集中する県内屈指の高校が目白押しだ。結果として、本校には中学校時代に学びから疎外された子どもたちが多く在籍することになっている。なかには小学校、中学校と完全不登校だった子どもや、目的を見いだせずぞんざいな言動で苛々を発散していた子どももいる。私たち蒲生高校教職員はそんな子どもたちと向きあい、進路目標を見いださせ、社会、そして上級学校へと送り出している。このことが保護者からの信頼につながり、本校の教育活動への協力につながっているのだと思う。

2　対岸の火事だったコロナ感染症がやってきた

鹿児島県では、クルーズ船「ダイアモンド・プリンセス号」乗客の新型コロナウイルス感染が判明した際、それ以前に同船が鹿児島港に寄港し、感染者となっていた乗客が県内の観光をしていたことがわかった。しかし、その時点ではさほど混乱する状況は見られず、その後も、横浜港での混乱を尻目に、県内での発症例がなかったことから、コロナ禍は対岸の火事だった。東京での感染拡大がすすみ、2月20日には、本校生徒も運営ボランティアとして参加しているかごしまマラソンの中止が発表される。その1週間前には参加者を集めてボランティア説明会を実施し、スタッフ用ジャンパーを配付していた。全国的にも人が多く集まる催しが次々と中止を発表される事態となった。

学校教育にもその影響が出はじめる。感染拡大防止対策が学校にも求められるようになった。以降、当たり前だった教育活動は思いも寄らない厳しい見直しを迫られる。この時期、まず対策を求められたのが卒業式である。「三密」回避の大前提が示される。全国的には卒業式を行わないことを検討しているという報道も流れていた。結論だけをいえば対策は簡単である。参加者の感染リスクを減らせばいいだけのことだ。しかし、教育現場の私たちにはここに行き着くまでが葛藤なのだ。卒業式は学校にとっても、子どもたち、保護者にとっても、最も大切な行事だ。高校3年間の思い出を胸に、晴れやかに社会に向かって巣立っていく、一大イベントであることは疑いない。その日一日は、教職員にとっても寂しさと安堵感の入り交じった忘れられない日となる。この一大イベントである卒業式をどうにかして実施したい。職員のなかには、本県での感染事実がないことから通常通り実施してもいいのではないかという者もいた。

しかし、危機管理をおろそかにできない以上、何らかの対策は講じなければならないと決断し、次のような卒業式の実施方法を決定した。卒業式参加者は、卒業生、教職員のみとすること。座席間隔を十分に確保し、マスク着用、換気、手指消毒を徹底すること。県教育委員会告示、来賓祝辞は実施せず、受付の際文書で配布すること。来賓の参加もないこと。在校生の参加も見送ることから「送辞」「答辞」を行わず、文書として配布すること。入退場は行わず、着座した状態から式をスタートし、時間短縮をはかること。2月25日、文科省の事務連絡を受けた。2月28日、同様の対策指針が県教委から出された。

3年生の担任団のみならず、本校関係者にとっても苦渋の決定である。すでに関係者には卒業式の案内を発出していたが、参加を遠慮していただくよう案内を再送する。例年、卒業式前日に「卒業式予行」を実施し、卒業生の所作指導を行うのに合わせ、同窓会入会式、皆勤賞などの表彰式を行っている。同窓会入会式についても、同窓会役員の参加制限を依頼し、式次第も時間短縮を図る目的で一部見直しを行った。一方で、卒業式当日入場行進を行わないこと、保護者が参加できないことの代替として何かできないか、考えたあげく、苦肉の策として、表彰式に先立って、在校生が見守るなかでの入場行進を実施した。在校生の拍手を受けながらの入場を複雑な思いで見守った。

その日の日程が終了した後、卒業生たちが舞台に並び、3年の担任団を前に合唱のパフォーマンスを行っていた。卒業生たちがサプライズで準備していたのだろう。「三密」などどこ吹く風の彼らの姿に、いろいろと考えさせられた。その前日、2月27日、政府は緊急の休校要請を発する。鹿児島県は卒業式当日の3月2日から15日までの休校を決定した。3月2日、卒業式は3年生と教職員のみで実施した。時間にして30分足らずの簡素すぎる卒業式だった。

3　知恵を出しあうことで豊かな学び体験を提供したい

卒業式が終わると2020年度入学生選抜試験の準備である。3月4日、通常なら生徒の協力を得て行う検査場の設営等を教職員で分担・協力して行うしかない。2月28日付け文書での県教委の方針では、検査2日目、3月6日午後に行う予定の面接を行わないこと以外に、学力検査は通常通り実施することになっていた。検査に支障が出ないよう最大限の注意と配慮をもって、非正規職員を除くと30人ほどの教員たちは休む間もないほどに設営作業に取り組む。2日間の学力検査が終わると、採点集計業務に入る。これと並行して、成績不振者に対する追指導や再考査を実施する。この間は息つく暇もない。合格発表は校内掲示をとりやめホームページでの発表に変更した。保護者と一緒に自身の受検番号を背景に写真をとる姿が、今年はない。このちょっとした変化が子どもたちの心に何の影響もないとは考えられない。合格者説明会は座席間隔を広くとり、マスク着用・換気・手指消毒の徹底をはかるとともに、参加保護者についても一世帯複数の参加を遠慮していただくなどの措置を講じた。当然、関係分掌の説明事項も簡略化し時間の短縮もはかった。担当職員たちが新入生に対する思いを一切口にしない事務的連絡であったことが今後どのような形で現れるのか心配がよぎる。

15日までとしていた休校措置について、10日、県教委は春休みまで延長すると発表した。通常でも学力検査実施日から合否判定会議が実施されるまでの5日間ほど、生徒は自宅学習期間になるため、当初予定の休校措置は何ら影響をおよぼすものではなかった。自宅学習で取り組むための課題も計画的に作成されている。しかし、春休みまでの延長が決定し、生徒を登校させての課題確認ができず、延長された休校期間の追加課題の配付もできない。春休み期間の課題の配付もできない。全国的には、課題や教材のウェブ配信やリモート授業などを試みる学校も見られたが、本校にはそれに対応する機材もなく、またあったとしても、すべての子どもたちが受信できる環境にもないため、それもできなかった。

また、通常ならこの期間、子どもたちに対して、各職員それぞれに、次学年に向けて意欲を喚起する取り組みがあの手この手で行われている。この取り組みが次年度のスタートをスムーズにしてきた。それができないのはかなりの痛手だ。何より会えない子どもたちのようすが気になる。そこで3月24日に臨時の登校日を設定することにした。本来なら学期を締めくくるクラスマッチが行われ、大きな思い出になっていたはずの日である。前日23日は県立高校の人事異動の発表日でもあり、転出する職員に子どもたちに向けて離任の挨拶をさせたかった。子どもたちはしっかりと、小さな花束を手に登校してきてくれた。卒業生の姿も多く見られ、蒲生高校ならではの心の距離の近さを確認できた。形式上の「ＬＨＲ」で課題の確認と追加の課題渡しもできた。

子どもたちが学校にいないほぼ一月のあいだ、不思議に職員のコミュニケーションが盛んになったように思う。その原因の一つには、このコロナ禍での学校運営に一人ひとりが意欲を喚起していることがあげられるのではないか。どうせこの事態はすぐには収束しそうもない、ならば、このコロナ禍のなかでどうすれば教育活動が維持でき、子どもたちが意欲的、積極的に学びに参加し、教育成果を上げることができるのか、そういったことをすべての教職員が考えていたからなのではないか。そして、みんなが同じことを考えているにちがいないという信頼関係ができあがっているのではないか、そう思う。「子どもたち」のために何かできないか、一人では不十分でもみんなで知恵を出しあうことでこの子どもたちに豊かな学び体験を提供したい、私たちは自然とそう考えるようになっている。そのことを今回のコロナ禍でますます強く実感しているのだと思う。

4　各行事中止が子どもたちに影響をおよぼしている

感染者数が増加の一途をたどるようになり、鹿児島県でも3月26日、最初の感染者が報告された。感染が身近なものとなった。今後実施予定のすべての学校行事について、中止の判断も含めた大幅な見直しが必要になる。管理職と協議し、感染防止策の強化とあわせて、「こうだからできない」ではなく、「こうすればできる」という視点で行事のあり方を検討することを確認した。とはいっても子どもたちを感染リスクから遠ざけるためには、バスでの移動や、閉鎖空間に長時間いる状況は極力避けなければならない。そのうえで、学校教育活動全体を俯瞰し、活動計画を再構築する必要がある。さまざまな苦悩が学校現場に充満した。新年度の分掌案が決定し、新しい年度に向け準備がスタートする。まず入学式について検討をした。県教委の感染拡大防止指針に変化はなく、やむをえず卒業式に準じた対応をすることとした。来賓参加なし、式次第を見直して時間短縮をはかることにする。新入生保護者には一世帯からの複数参加を遠慮してもらうよう案内をした。4月7日、微妙な緊張感と脱力感のうちに入学式は行われた。事務的な入学者説明会とこの簡素な入学式が、新入生と保護者の心にどのような影響をもたらすのか。

入学してすぐ、新1年生は上級生との対面式にのぞむ。初めて全校生徒がそろう場だ。生徒会長が上級生を代表して歓迎の言葉を述べ、新1年生は緊張した面持ちで上級生たちを品定めし、代表生徒は晴れやかに上級生に向きあう。この場が新1年生と上級生を結ぶのだが、その対面式も中止せざるをえなかった。一週間後には部活動紹介が計画されていた。例年各部がさまざまなパフォーマンスを駆使して部員獲得をはかる場である。各部10人が練習風景や顧問とのやりとりを寸劇も交えて紹介する。大きな笑いが起こる。新1年生と上級生の距離が一気に縮まる機会である。しかし今回は、各部代表部員2人による紹介のみに変更された。沈滞した雰囲気は否めない。

4月14日以降、鹿児島県内の感染者数もじょじょに増えはじめ、感染者数が二桁に達しようとしていた。全国各地で感染者を差別する痛ましい事態も生じた。コロナ禍が人の心にまで暗い影を落としはじめていることを痛感した。蒲生高校の子どもたちの心にも暗闇が広がるのではないか、心配が深まる。いつもなら簡単にでき、この時期ぜひともやっておきたい年度当初の学年集会、全校集会は「三密」回避のため、のきなみ中止とせざるをえなかった。学年のまとまりを醸成し、上級生の態度に学ぶこれらの集会の中止は、1年生が学校生活に順応していく上で大きな障壁になっていると感じる。事実、今年は1年生と上級生とのトラブルが数件発生した。きっかけはたわいもない言葉の行きちがいだが、1年生と上級生との距離が埋まっていないことが原因なのではと考えてしまう。また、1年生の生徒間のトラブルも例年になく多い。現在でも他学年に比べて学校生活（授業に取り組む姿勢や言動）における落ちつきがないように感じる。

5　子どもたちの悩みと向きあう

感染拡大は全国的に広がり、4月22日から5月6日までの再度の休校措置が決定する。学級の親睦を深める一日遠足も中止となった。子どもたちの学習は課題プリントで対応する。休校の影響を踏まえ一学期の中間考査も実施しないことにした。特に3年生にとっては就職・進学準備に向けた「仮評定」を出す大事なものでもあり、教材に関する補助プリント等、期末考査対策に工夫を要した。また、部活動においても、春季地区大会が中止となった。こちらも特に一部3年生にとって最後の公式戦であり、結果はどうあれ最後の大会に精一杯注力し、後輩たちと部活卒業を祝うことは後の進路目標実現に向けた気持ちの切りかえにも大きく寄与するものである。事実、今回の地区大会中止の決定は、子どもたちの意気を沈ませる結果となった。なかなか、気持ちの切りかえがうまくいかない子どもたちが多かった。突然理由も告げずに練習に来なくなったり、かとおもうと、練習の休養日に自主練習を申し出てみたり、面接練習に向けた面接ノートの作成になかなか気持ちが乗らないと相談に来る子どももいた。なかには、どうすれば進路モードに心を切りかえられるかと悩みを打ちあける子どももいた。その後県大会の中止などもあり、高体連としては代替大会の開催なども工夫して行われたが、消化不良の感は否めない。練習試合的な雰囲気が漂うなかでの大会でもあり、真剣さや必死さという点ではどうしても本来の大会にはおよばない。

休校期間の学習を保障するため、5月29日、本校では夏休みの短縮を行うことにした。本来なら今年度は7月21日から8月31日までの42日間のところ、今回は8月23日までとし、土・日を含めて8日間の短縮である。従来、夏休み後半は8月20日から補習授業を行っていたため、この点については子どものなかにそれほど違和感はなかったように感じる。

そして体育祭。9月5日に開催したが、こちらも時間短縮、参加者の制限をはからなければならなくなり、実施種目を削減したうえ、1、2年生保護者の来場を遠慮してもらうことになった。子どもたちはそれでも精一杯競技に取り組んでくれたが、一様にしらけた感じを抱いていたようだ。

さらに今年は、通常9月16日開始の就職試験が1か月後ろ倒し、10月16日となった。面接指導や学科試験対策の点では準備期間が長くなった分、例年より充実させることはできたが、前述したような例年にはない学校環境下で、長期に渡ってモチベーションを保つことはやはり困難である。3年生は夏休みに入った頃から三者面談を経て就職先、進学先を最終的に決定し、学科対策や面接対策を行っていく。通常なら夏休み中に校内選考会や模擬面接会を実施し、9月16日に向けて気持ちを作っていくのだが、1か月先伸ばしになったことで、さまざまな日程が間延びする形となり、就職組の緊張感が高まらず、その空気が進学組にも蔓延し（進学日程は変更ないのだが）、放課後学習など個別指導への取り組みが弱まってしまった。

「やらなければ、やるしかない」の思いはあっても、なぜかスイッチが入らない、ほとんどの子どもたちがこう訴える。3年担任たちはそんな子どもたちへの声かけに腐心していた。3年生同士の人間関係にも影響が出ているようで、良好だったグループの関係がこじれた、いつも一緒に勉強していた子どもたちが別グループを構成した、人当たりのよかった子どもの態度がきつくなった、これまで愚痴など言ったことのない子どもが周囲に愚痴をこぼすようになった、など、私が関わっている子どもたちだけを見ても、いつもとはちがう心のありようがうかがえる。

6　教職員にも募っていくストレス

新型コロナウイルスの感染はたしかに、ときに人命にも影響する重大なことではあるのだが、果たして、ここまでさまざまなことに制限をかける必要があったのか、心のどこかで疑問視する自分がいる。たしかに、クラスターの発生や、感染経路不明の感染者が跡を絶たない現実を見れば、危機管理として感染リスク解消もしくは軽減の対策は必要だ。しかし、学校教育では、授業以外の教育活動が子どもたちの豊かな学びの場になっていることを考えると、一般よりも緩やかな対策でよかったのではないかと思えてならない。たしかな情報と混乱に対処できる人的・金銭的支援、等しく教育を受ける権利を保障する手立て、その実施に係る責任所在の明確化を求めたい。

本校では感染者が出ていないため教職員の負担はまだ軽い方なのかもしれない。一方で、教職員自身もあらゆる行動自粛を求められながらの業務であり、知らず知らずのうちにフラストレーションがたまっているのかもしれない。蒲生高校教職員の持ち味である子どもたちに対する我慢強さが失われつつあるのではと感じる瞬間がある。生徒への声かけの口調がきつくなっていたり、指導を行う際にもいらだちを隠しきれない態度を示す職員がいたりする。

学校から感染者が出た場合は、休校措置とその間の消毒作業を教職員が行うことになっている。徹底した消毒作業を行うことも教職員の責任にされるとなると、教職員の心理的負担は計り知れない。

とはいえ、氾濫する情報のなか、保護者の皆さんが不安を感じる以上、また、子どもたちへの感染リスクがなくならない以上、これは仕方のないことなのだと、自分にいい聞かせながら、次なる対策をはかろうとしている。

子どもたちが一番楽しみにしていたであろう修学旅行の中止も、私たちは決断してしまった。9月18日、2年生にその趣旨を伝えるため臨時の学年集会を開催し、校長から苦渋の決断であることを伝え、保護者宛文書を配付した。子どもたちは黙って聞いていたが、その後、ある子どもたちが数人の子どもたちが文書を破いて捨てていたと教えてくれた。また、いつもおとなしく、授業中もとてもまじめで思慮深いと思っていた子どもが、なぜ中止なのかと鋭い口調で迫ってきた。改めて理由を説明すると、代わりになる行事を考えてほしいと訴える。なかには「お泊まり体験」がしたいのだと憤然と訴える子どももいた。現在、3月に代替行事ができないか検討中である。

医療的ケアが必要な子どもが通う特別支援学校の現状

北海道特別支援学校教諭
三浦友和

1　教職員組合としての取り組み

私は現在、北海道の特別支援学校に教諭として勤務しています。勤務校（以下、本校）は、主に肢体不自由のある子どもたちが在籍している特別支援学校であり、寄宿舎を併設しています。コロナ禍における特別支援学校の状況について、多くの皆さんに知っていただく機会となればと考え、筆を執ることにしました。

寄稿するにあたり、私のこの間の状況について、あらかじめ説明しておく必要があります。私は2020年3月末まで、教職員組合の専従役員をしていました。そのため、急速に感染が拡大した新型コロナウイルスの影響を、3月末までは学校現場の職員として直接経験していません。そのため、この報告を行うにあたり、私が学校現場にいなかった期間の状況については、同僚の教職員から聞きとりを行いました。この報告では、特別支援学校のコロナ禍における現状と、3月まで教職員組合の役員として経験したことを合わせてお伝えしたいと思います。

さて、2019年12月頃、発生したといわれる新型コロナウイルスは、瞬く間に世界中に感染が拡大し、日本においてもその感染力の恐ろしさを見せつけています。新型コロナウイルスが流行するまで、北海道には多くの観光客が訪れていました。そのためなのか、北海道は国内でもまっ先に新型コロナウイルスが流行しはじめました。2月中旬から感染確認者数がじわじわと拡大し、第1波といわれる状況に陥りました。

2020年2月25日、鈴木直道北海道知事は、夜に行われた対策会議で、道教育長や市町村教育委員会に対して「各地域の教育長や自治体の考え方などもあると思うが、私はやはり知事として、休校を含めて検討すべきだと思う」と発言し、2月27日から全道一斉休校が措置されました。さらに、2月28日には北海道緊急事態宣言が発表されました。私は、この未曾有の状況に教職員組合の支部役員として対応することになりました。

まず、考えなければならなかったのは、教職員の服務の取扱いについてでありました。まだ、新型コロナウイルスの特性や具体的な対策がはっきりと見えない時期であったため、この時点で私たちができることは、可能な限り人と人との接触の機会を減らすということでした。道知事が決断した全道一斉休校も、子どもたち同士の接触の機会を減らすという目的であったのだろうと思います。しかし、当初、教職員の服務の取扱いは、道内の各自治体によって対応がまちまちでした。在宅での勤務を認め推奨する自治体もあれば、原則出勤を命ずる自治体もありました。子どもたち同士の感染リスクと同様に、教職員同士の感染リスクも懸念されている状況のなか、教職員組合としては、教職員の在宅勤務や特別休暇の適用を求めていくこととなりました。

北海道は、2018年9月6日の北海道胆振東部地震により、日本で初めてブラックアウトを経験しました。その際も、今回と同様に教職員の服務の取扱いについて、自治体の対応がまちまちでした。しかし、すべての信号機が停止し通勤にも危険が伴い、それぞれの教職員自身もブラックアウトのなかで厳しい生活状況にあることから、教職員組合からの強い要請もあり、災害事故休暇という特別休暇が適用されることとなりました。このブラックアウトと今回のコロナ禍を簡単に比較することはできませんが、ブラックアウト下での経験が生かされたのか、今回も、必要な教職員への災害事故休暇の取得が早い段階で可能となりました。その後、在宅勤務制度が通知され、接触の機会を軽減させながら、職務を続けることが可能となりました。

この間、多くの教職員はテレビの知事会見を見て、はじめて全道一斉休校を知るなど、学校現場では情報が錯綜し混乱しました。私は教職員組合の役員として、可能な限り正確で早い情報を、現場で奮闘する仲間に伝えることを第一と考え行動してきました。この未曾有の状況ですから、危機対応の判断をしなければならない北海道教育委員会は、国の動向がはっきりしないなか、大変な状況に置かれていたことは容易に想像できます。当時の北海道教育委員会佐藤嘉大教育長は、コロナ対策の最中2020年4月に急逝されました。懸命に対策に尽力され、思い半ばでお亡くなりになられた教育長に対して心から哀悼の意を表したいと思います。

行政や現場、組合、そして保護者・子どもたちも、手探りのなかであの時期を乗り越えていくしかありませんでした。教職員組合としての取り組みについては、服務上の取扱いの課題の他にもたくさんありますが、別の方が詳細かつていねいに報告されるはずですから、ここまでにとどめたいと思います。

2　医療的ケアが必要な子どもたちを感染から守る

さて、特別支援学校である本校の状況についてお伝えしたいと思います。本校は、主に肢体不自由のある子どもたちが在籍していることはすでに述べたとおりですが、そのなかには、医療的ケアを必要としたり、基礎疾患を有したりする児童生徒が多く通っています。学校における医療的ケアとは、胃ろうや経鼻経管による栄養注入、痰の吸引などの医療的行為を、必要な研修を実施し、許可を得たうえで学校において実施することをいいます。本校には、看護師が配置されており、看護師を中心に教員も実施者として医療的ケアを行っています。

医療的行為ですから、普段でも衛生管理は徹底した上で実施をしなければなりません。もちろん、コロナウイルスが流行してから、通常の小・中・高等学校でも、衛生管理を徹底されてきたと思いますが、特に肢体不自由のある子どもたちの在籍する本校では、一層徹底することが求められました。新型コロナウイルスの感染拡大防止のためには、密接・密集・密閉の状況を避けることが重要といわれています。

しかし、肢体不自由の特別支援学校では、密接を避けることができません。というのも、移動や食事・排泄など日常的な生活全般において介助を必要としたり、突発的な行動に注意を払わなければいけなかったりする子どもたちは、身体的に子どもたちと大人の距離が密接とならざるをえないからです。また、肢体不自由の特別支援学校の定数配置は他の学校とは大きく異なっており、子ども一人に対して教員がおよそ一人配置されています。子どもたちの人数とほぼ同数の教員が配置されるとなると、密集が生まれやすい環境にもあります。

子どもたちのなかには、マスクをする感触が嫌だったり、そもそも呼吸状態に課題のある子どもは、マスクをすることを避けなければならなかったりする場合もあり、飛沫感染のリスクも高くなります。さらに、手指をなめたり、物を口にしたりする子どもたちもなかにはいますから、接触感染のリスクは、非常に高い状況に置かれていることになります。ですから、コロナ禍における本校の消毒作業は、他校種とは比較にならないほど注意深く行わなければならないのです。

本校は、コロナ禍以前から、委託された民間事業者の方が廊下やトイレの清掃を行っています。さらに、コロナウイルス流行後は、教職員が放課後に教室や特別教室、トイレ、廊下の手すりなど全員で消毒作業に取り組んでいます。また、授業で使用した教材や個々の車椅子等の消毒も欠かすことができません。この消毒作業は、現在もていねいに続けられています。清掃業者がすべて消毒作業を行えばよいのではないかと思われる方もいるかもしれませんが、先に述べたとおり、子どもたちの状況を鑑みれば、注意を重ねなければならない校種であることはまちがいなく、教職員もまた、子どもたちの命と健康を守るために懸命に消毒作業を続けています。一方、今年度から給特法の一部改正に伴い、教職員の働き方改革が一層すすめられていますが、この消毒作業にかかる時間は教職員の業務の負担増となっていることもまた事実です。スクールサポートスタッフや学習支援員など、新たな外部人材の加配が行われ、消毒作業も含めて非常に助けられています。しかし、それでは決して十分とはいえず、コロナ禍のなかで、確実に教職員の業務量が増大しています。

3 学びの環境への影響

次に、校内における医療的ケアの状況についてお伝えします。登校後の医療的ケアは、主に医療的ケアルームで実施しています。コロナ禍においては密集を避けなければなりませんから、一度に入室する子どもと、担当の教員の入室人数を制限しなければならなくなりました。本来、医療的ケアは、子どもたちの学びを保障するために実施されるものであります。しかし、この制限のため、入室の順番によっては、中途半端な時間にケアを受けなければならない状況も生まれ、授業に多少なりとも影響がでています。これは、医療的ケアを実施する学校側としても、医療的ケアを受ける子どもたちにとってもやむをえない状況とはいえ、非常に切ない状況です。

学校には、内科や眼科、耳鼻科など学校医が配置されています。また、在籍する子どもたちの多くは、かかりつけ医がいますが、このコロナ禍において感染症対策を含めた医療的ケアの適切な実施について学校に対して総合的にアドバイスを仰ぐことができる専門医がいてくれたらどれだけ力強かったであろうと思います。教育委員会の通知に基づきながらも、感染対策について、学校内で判断しなければならないこと、工夫しなければならないことが多くあり、その判断の根拠についても、本当に科学的なものなのかどうか迷う場面が多くありました。そのため、対応を検討する会議や話しあいの時間が増加したことも事実です。

次に、学習環境についてです。一斉休校後に分散登校を実施したうえで、学級単位での学習を基本として学校を再開しました。学級単位での学習を、皆さんは当たり前のことと思われるかもしれません。特別支援学校では、学級単位を超えてグループ単位で音楽や生活単元学習、その他の授業を実施することが多くあります。人間関係の形成やコミュニケーション能力は、特別支援学校に在籍する子どもたちにとっては、非常に重要な力の一つです。子どもたち同士が学びあい、学級の担任以外の教員と関わる場は非常に大切な学習形態です。それが、このコロナ禍では、接触リスクを軽減させることを第一に考えたことで、子どもたちの貴重な学びの環境に影響を与えることになりました。

現在は、じょじょにではありますが、感染対策を確実に行いながら、学習集団の規模を広げることができています。グループ単位での学習が可能になった際の子どもたちの姿が今でも忘れられません。それまでは、隣の学級の友だちとも離れて学習せざるをえなかった子どもたちが、友だちの活躍する姿に笑顔を見せたり、拍手をしたりすることができました。私自身、学びあいということの意味を再確認できた瞬間でした。今もなお、小学部・中学部・高等部が同じ場で行う集団学習は避けていますが、校内でリモート学習を行うなど試行錯誤しながら学習を続けています。また、本校は、近隣の小学校や中学校と交流をはかってきました。学習発表会での交流など、今年はその貴重な機会も失われてしまいました。

4　最善の教育環境を整えようとする教職員

本校のもう一つの大きな課題は、スクールバスの運用についてです。本校はスクールバスを2台運行しています。しかし、車内の過密化を防ぐために、乗車人数を調整しなければならなくなりました。当初は、可能な限り保護者の協力をえながら、子どもたちを保護者の車で学校に送迎することをお願いすることになりました。この対策は、結果として多くの保護者の皆さんに大きな負担をかけてしまいました。

その後、教育委員会から、追加の1台分の運行予算が配当され、過密化は解消されています。本校は、児童数がまだそれほど多くない学校ですが、児童生徒数が増加している道内の知的障害を主とする他の特別支援学校では、スクールバスの運用も大変な苦労があったことは容易に想像ができます。また、道内では公共交通機関のバスを利用して通学する高等支援学校もあり、スクールバスとはまた異なった課題があったものと思います。

ほかにも、修学旅行などの泊を伴う行事、運動会の実施について等、国・都道府県、各自治体も迷いながら通知を出している状況で、教育課程の編成が計画通り実施できなかったり、何度も修正したりと、他の学校種と同じ課題もありました。家庭訪問も中止となり、その他の各種行事についてもできるのか、できないのか、刻々と変化する感染拡大状況を踏まえながら、何度も話し合いがもたれることとなりました。それによって年間行事予定が確定するのもかなり遅い時期になってしまいました。

次に、寄宿舎の課題についてです。本校は、寄宿舎生の人数もそれほど多くなく、同じ舎室に複数の人数で過ごすことは避けることができています。ただ、道内の他の学校では寄宿舎生が多い学校もありますから、相当な苦労があったと想像できます。

新型コロナウイルス流行の収束は、当分先の話になるのだろうと推測できます。これから冬を迎え、どのように感染が拡大していくのか、子どもたちの健康と安全を考えると、心理的な重圧が、常に私たち教職員にのしかかっています。

この執筆を行った10月、北海道では急速に感染確認者数が増加し、連日過去最高を塗り替えている状況にあります。このような状況のなか、一つたしかなことは、子どもたちを常に中心におきながら、新型コロナウイルス感染の拡大防止に努め、最善の教育環境を整えようとしている教職員が学校を支えているということです。この教職員が心身ともに疲弊してしまわぬよう、新型コロナウイルス対策予算措置を含めた教育予算や人的配置の拡充、そして教職員が担うべき業務の精選を一層すすめていく必要があるのではないでしょうか。

コロナ禍がもたらしたもの

新潟県新潟市立上山中学校養護教諭
珊瑚実加

1　休校、分散登校時の状況

私の勤務校では、以下のような休校、分散登校の日程をたてました。

休校　①２０２０年（令和2年）３月2日〜３月19日（春休み開始まで）
②２０２０年（令和２年）４月23日〜５月13日
分散登校　５月14日〜５月26日
授業日ではないが全校登校　５月27日〜５月29日（午前授業　ランチなしで放課）

休校直前の2月26日、卒業式練習の後、全校生徒に「新型コロナウイルスの感染症の予防」について、パワーポイントを使って15分程度の指導を行いました。地方にも新型コロナウイルスの拡がりが懸念され、生徒にその予防について直接指導をする必要があると考えたからです。

その翌日の夕方、安倍総理の突然の休校宣言が出ました。学校でニュースを聞いたとき、感染対策で頭がいっぱいの状態の私には信じがたく、同僚のいたずらかと思いました。事実を知ったときには、急に体の力が抜けたような感じがしました。と、同時に全校の保健指導をすませておいてよかったと思いました。

休校前日、校長が1、2年生に語ったことが心に残っています。「次にみんなそろって会えるときまで、どうか元気でいてほしい。今は力を蓄える時期。先生たちもがんばるから、あなたたちもがんばってほしい」。

流行はどのくらい拡大するのか、休校はいつ明けるのか、先の見えない不安でいっぱいの時期でした。どうか、それまでみんな元気でいてほしい、と子どもたちの顔を見ながら私も同じ気持ちでいました。

その頃、最も困ったことは、マスク、消毒用エタノール、体温計、スプレーボトルなどの感染予防の物品が手に入らなかったことです。感染の経路がまだあまり明らかになっていないときで、学区内の施設でも感染者出ていました。そのような状況で、感染予防のための物品が手に入らない、ということは想定外であり、生徒はもちろん自分自身も感染するのではないか、という不安につながりました。

そんななか、なんとかできないかと学校薬剤師に相談し、理科部と保健体育部の職員で果実酒用のホワイトリカーを蒸留してエタノールを抽出しました。心が沈みがちな状況のなか、やり始めるとなかなか楽しい作業であり、やればなんでもできるなあと職員への感謝とともに、少し勇気が出てきたことを思い出します。

4月の学校再開までには、全職員で教室や物品の消毒作業に使用するために約100個のボトルが必要でした。休日の1日、10軒近くの店舗を回り、また、同僚も手分けをして探してくれてなんとかボトルを手に入れました。また、その後、消毒用エタノールや非接触式体温計も知人からの情報で手に入れることができました。人のつながりのありがたさを感じました。

休校中は、生徒の体が特に心配でした。一日家にいる生活により、筋力の低下や肥満を招くのではないか、と懸念していました。また、感染についての連日の報道や引きこもりがちな生活で、大人でも心が沈んだり急に不安になったりという人が増えており、心への影響も心配していました。

新学期を迎える前に、教頭と相談しながらガイドラインに基づき職員に校内の感染予防対策を提案したのですが、健康観察はじめ、消毒や換気、密接を避けるために、新たな仕事が増え、お願いばかりで心苦しい気持ちがしました。小規模校なら、自分一人でできることもあるのですが、大規模校では教職員の手を借りないとやれないことがほとんどです。「お願い」ばかりで申し訳なく、それが悩みの1つにもなっていました。

4月、新しい年度を全校生徒で迎えることができました。この頃には、すでに学区内の施設でクラスターが発生し、感染が身近になっていました。そのため、新学期最初の学年集会で、日本赤十字社の資料を用い、心への影響や感染者への差別も含め新型コロナウイルス感染症について指導を行いましたが、春の日差しとともに久しぶりに生徒と職員の声が響き、校舎がまるで息を吹き返したようでした。マスクの着用や人との距離を置くこと、消毒、手洗いなど、気をつかうことも多い学校再開でした。

学校再開後は健康観察、検温、体調不良者の確認や隔離、早退連絡、欠席者の集計、感染者情報の入力など、特に朝は大変慌ただしく、軌道に乗るまではまさに猫の手も借りたい状態でした。

状況の変化に伴い、通知や通達、ガイドラインなどが教育委員会から届きました。それを基に、教頭に相談しながら予防対策を検討したうえで教職員や生徒に伝える必要がありました。そのためには自分が内容をしっかり理解をしていなければなりません。例年以上に多忙な中で、多くの文書を読み、整理することはかなり大変でした。同時にさまざまな情報があふれていて、対応に迷いを感じることも多々ありました。

保健管理は養護教諭の職務のなかでも、特に専門性への期待が大きい部分です。学校から感染者を出してはいけない、対応にまちがいがあってはいけないと常に考えていました。時に急に不安に襲われることがありました。特に4月の学校再開から2回目の休校までの約3週間は毎日緊張していて、よく眠れない日が続きました。休校前日の放課後に校長と保健室で「ひとまずここまで無事で終わった」と言葉を交わし、ほっとしたことを覚えています。

休校の時期が健康診断と重なったために日程が大幅に変更になりました。検診の一部が夏休み後にずれこんだために、再度の日程調整、計画の再考、検診器具の再申込みなどが必要となり、健康診断に関わる仕事の量がかなり増加しました。特に、尿検査は、例年1次検査日の未提出者がかなりいることに加え、2次検査を受けるために2回提出する生徒がいるのですが、分散登校の時期には全学級の提出者を一度に回収することができませんでした。早く全員の検査を終わらせたくて、連日自分が検査機関へ検体を運んでいました。

学校医が行う検診も感染予防のために例年とは変更点も多く、同時にいろいろな配慮が必要でした。検診の方法や手順など、学校医と相談しながら試行錯誤で実施しました。眼科検診では、会場や廊下に生徒が密集することを避けるために、学校医に教室を回ってもらう方式で行いました。また、歯科検診では、学校歯科医を含め5人の先生が検診を行います。そのため、間隔を空けて整列すると体育館はいっぱいになってしまい、次の学級を待機させることができません。そこで、体育教官室から内線で職員室へ連絡をいれ、職員室から次の学級へ内線を入れるという中継ぎ方式をとりました。教務主任のアイデアと協力でスムーズに検診を終えることができました。

また、検診期間が延びたために検診後の事後措置や統計処理を行う期間が長期にわたったことも今までになかったことです。

なお、予測していなかったことですが、休校明けの保健体育の授業では、休校中の運動不足のためと思われる、短距離走での大腿部の筋断裂（肉離れ）を起こす生徒が複数出ました。懸念していた子どもたちの体への影響が現れたと感じ、全職員に伝えるとともに保健体育部や部活動顧問に、活動前にはストレッチや準備運動を十分行うようにお願いしました。

2 教職員の協力と連携

自校の教職員には心から感謝しています。

管理職は一緒に対策について考えてくださいました。私たちの学校でできる方法を見つける、という姿勢や、根拠に基づいた冷静な判断と指導、明るさには今も学ぶことが多いです。保健室の機能が守られていると感じることも多々ありました。その頃は校長も教頭も毎日のように保健室に顔を出してくださり、心遣いが本当にうれしかったです。

50人以上いる教職員が足並みをそろえて、それぞれの持ち場で感染対策に向かえたことは、ぶれない管理職のリーダーシップのおかげであるとともに、新学期前に職員研修でガイドラインの内容について共通理解を持ったことも大きかったと思います。根拠と意味を理解して行動することができれば、そこに迷いはありません。ときには考えの食いちがいもあったと想像しますが、たびかさなる「お願い」にも職員の不満の声を耳にしたことはありません。また、保健室の対応に「手伝いますよ」と声をかけてくださったり、物品の購入を手分けしてくださったり、ボトルや体温計のシール貼りをしてくださったり、物品の配付時にはどこからか助っ人が飛んできたり……。体育祭の前日にもかかわらず、歯科検診用に保健体育部の職員が体育館にテープを貼ってくれたこともありました。「感染症予防対策のために必要なものは遠慮せず買ってください」と財政的な支援をくださる副主査にも感謝しています。その他、私がうっかり落としていることを、職員が気づいてフォローしていただくことはしばしばあり、多くの人に助けられてここまでこられたことを感じています。

3　支えてくれたもの、力をくれたもの

養護教諭は学校の保健管理の中心ですが、孤軍奮闘では効果は上がりません。2でも触れましたが、教職員の理解と協力で700人以上いる生徒たちの保健管理ができた事実があります。また、保健業務補助員、スクールサポートスタッフ、地域教育コーディネーター等には、保健事務や検診準備、補助、事後処理などに多くの力をいただきました。

4月の休校前に「新型コロナウイルス感染症の心への影響」の特集で、保健委員がたよりを作成していました。「不安だよねえ」といったところ複数の女子生徒が「……?　別に」「不安じゃないよ」と答えました。もちろん不安な生徒も大勢いたと思いますが、私自身が一番不安だった時期に、そのようすを見て、（子どもたちの心は意外と元気そうだ）と、少し気持ちが明るくなったことが思い出されます。また現在でも、保健委員の生徒の活動のようすにはげまされことがあり、力をもらっています。

ささやかながら、「この子たちを守る!」という気持ち、それが仕事の原動力でしょうか。体育祭や音楽発表会、集会など、全校生がそろう場面では、特にそんな気持ちになります。と同時に責任に身が引きしまる思いがします。

4　養護教諭の視点からあらためて気づいたこと

今年度は多くの行事で中止、延期、方法の変更をしなければなりませんでした。そのことによりどんどん肥大化していく学校の業務や教職員の仕事を見直すよい機会になったのではないでしょうか。

当市では多くの中学校が9月の初旬から中旬、全日の体育祭を行っています。まだ気温が高い時期であり、開催時期の変更を検討してほしいと考えています。しかし、他の行事や部活動の大会日程等とのかねあいで、熱中症の危険と隣りあわせに、この時期に体育祭を行っている学校が多い状況です。今年度は時期をずらしたり、半日日程だったり、競技種目の見直しをしたり、保護者の参観の方法を工夫したりした学校が多いと聞いています。今年度の様子から、生徒の健康や安全を最優先に考え、体育祭などの行事の時期や方法を見直す機会になればと思っているところです。

また、分散登校時には不登校傾向の生徒がほとんど登校していました。しかし、全校登校になったらまた、欠席が始まったという事実があります。なぜ、分散登校の時期に彼らは登校できたのでしょう。分散登校の時期は学級の人数が少なく、生徒が落ち着いていて、学校内に穏やかな空気感がありました。不登校傾向の生徒のなかには学級の人数が少なければ登校できる生徒が少なからずいることが、分散登校で明らかになったのではないかと考えています。大勢の人のなかで過ごすことが苦しいという生徒はいますし、たくさんの人の声や視線が怖い、落ちつかないという生徒もいます。

教師の側からみても20人の授業ならば、40人相手ではむずかしい、授業中に生徒の表情やノートを見取ることもでき、発言も拾いあげることができます。また、何人もの教員から課題の点検等も負担が少ないという声が聞かれました。20人程度の少人数学級の実現を願っています。

２０１９－20シーズンのインフルエンザの患者数がとても少なかったと報道されています。これは手洗い、マスク等の予防とともに、「体調が悪い人は外に出ない」という効果が大きかったのではと考えられます。これまで「体調が悪くても薬で症状を抑えて、仕事や学校に行くことはよいこと」または「少しくらいの体調不良なら行ってもよい」と思う人がいることは困ったことだと思っていました。新型コロナウイルス感染症の流行で、人と接触しないことが感染症の予防にはもっとも大切なことだということが浸透しました。これを機に「体調が悪いときは、自宅待機」が社会の常識になってほしいと思っています。

また、これを機にていねいな手洗い習慣もより定着するとよいと考えています。トイレ、手洗い場の数、水栓数の不足、自動水栓がついていない、お湯が出ないなど、家庭と比して、学校のトイレや手洗い場の環境は整備されていません。感染予防のためには学校の衛生環境の整備が必要でしょう。

出張、研修など対面の会議の多くが中止され、代わりにオンラインによる会議や研修も多くなりました。会議や研修の必要性や所要時間を再考し整理することで、教職員の働き方の効率化につながるでしょう。また、校内にオンラインの会議や研修用の部屋を作るなど、出かけなくても会議ができる環境も整えられていくでしょう。一方、数日間の在宅勤務も経験しましたが、人に直接触れ、また個人情報を扱う仕事が多い養護教諭は、在宅での勤務はむずかしいと感じました。

オンライン授業は、今後も増えていくことでしょう。学びを遅らせないことはとても大切です。また、不登校傾向の生徒が授業に参加できる可能性もあります。ＩＣＴの有効な活用には日頃から授業に使い、生徒、教職員双方が慣れておく必要があります。私は教育の基本は対面。人と直接話し、温度や雰囲気を感じとること、五感を使うことは大事なことだと思っています。しかしＩＣＴを使うことで授業内容の幅が広がったり、効率的に時間が使えたりなどのメリットもあります。今後はＩＣＴを活用した授業、対面の授業、それぞれの長所を生かした教育が推進されることを望んでいます。

休校明けに体重が激減している生徒が複数おり、そのなかには体重が減り続け治療が必要となった生徒もいます。きっかけの一つであったにせよ、休校の影響は否定できないと推察しています。ほかの学校の様子も知りたいところです。

２０２０年をふり返れば、「私（養護教諭）は学校で一人」という責任感を感じつつ同時に、「一人ではない」という安心感をもつことができた忘れられない年になりました。今後状況がどのように変化していくかわかりません。しかし何事も基本を大切にし、いろいろな方にサポートしていただきながら、未来を担う生徒たちの健やかな成長を支援していきます。それが私の仕事です。

コロナ禍で明らかになった学校給食の役割

神奈川県相模原市立共和小学校栄養教諭
髙木美納江

1　新型コロナ感染症の広がりのなかで突然の臨時休校

コロナ感染の拡大が日本でも広がり始めた2月の中旬に、私の勤務する小学校でも、給食時間のようすが変わりました。子どもたちはそれまで机を向かいあわせグループで会食していましたが、「インフルエンザやおなかの風邪の感染を防ごうね」と説明し、一斉授業のように全員黒板に向いて食事をとるようにとの指示がありました。子どもたちの不安をあおることなく、感染を予防するための対策でした。そのときは例年のインフルエンザ流行への対応と同様に、子どもたちもしばらくは仕方ないね、と納得していました。ただ前を向いて黙って食べる寂しさや味気なさと、机を向かいあわせて一緒に食べる共食の楽しさとのちがいをあらためて実感したようでした。

今まであたりまえだった楽しい給食時間が変わる、まして全国一斉休校になるとは思ってもいませんでした。そして「子どもの命を守る」ため2月28日に3月の臨時休校が決定し、この日が令和元年度の最後の給食となりました。休校中の家庭での課題作成や、健康を守るための生活の留意事項などを学校現場は授業をしながらまとめ、本当に慌ただしい1日でした。

私たち栄養教職員は、その日の給食の調理とあわせて3月の食材の注文をキャンセルする作業におわれました。6年生の担任から小学校最後の給食時間にぜひ教室に来てほしいとの依頼がありました。教室では机をひとつの輪になるように並べ、全員がお互いの顔を見て給食を食べていました。教室に入ると、子どもたちが声をそろえて「3月の卒業お祝い給食やリクエスト給食が食べられないのは残念だけど、6年間おいしい給食をありがとうございました」と笑顔を見せてくれて、思わず涙がこぼれそうになりました。毎日各クラスを訪問し、一緒に給食を食べ、食教育を実施した子どもたちとの6年間が臨時休校によって突然終わった1日でした。

2　休校中も毎日出勤

休校中には、学校という教育の現場で食の専門職である全国の栄養教職員と同様、今できることをしなければと考え、成長期にある子どもたちには食はとても大切であることや、免疫力や抵抗力をつけるための食に関わる情報、生活リズムを整えるための朝食の大切さについて給食だよりを作成し、登校日に児童に配布し、家庭での食事のサポートに努めました。

3月になってもコロナ感染症の拡大は収まる傾向は見えないなか、休校中も毎日出勤し4月の学校再開にむけて献立を作成し、発注作業を行っていました。

一方で3月分として発注しキャンセルできなかった食材の扱いについてはとても苦慮しました。4月の給食で使用可能なものは保管できますが、賞味期限の切れてしまうものは各校に処分が任されたからです。食品を廃棄することは、それまで食べ物の大切さを伝えてきた栄養教職員にとっても本当に心が痛む状況でした。各市町村の教育委員会などを通じてフードバンクに届けたり、保育所や老人施設で使用してもらったり、あるいは教職員が買いとりをするなど廃棄処分になる食品を減らすことができたケースもありましたが、現場は混乱のなかにありました。

3　休校が続くなかで食育を

4月7日の感染拡大防止のための緊急事態宣言により社会活動が制限され休校の延長が決まりました。

栄養教職員は、5月の学校給食再開にむけ給食の献立作成、発注、そして休校延長による取り消しがくり返され、そのための事務量は6月まで通常より多くなりました。全国で給食がなくなったことで、農産物の廃棄が余儀なく行われる食品ロスの問題や、パンや牛乳など給食用の食材を扱う業者の困難な状況が報道されました。

一方で、十分な食事が提供されていない環境で過ごしている子どもたちがいました。子どもの休校に伴い、昼食を毎日準備する家庭が増え、食品売り場からスパゲッティや小麦粉製品が消えことや、飲食店が営業をできない代わりとして販売したお弁当類の利用も増えて、昼食としての学校給食の役割が見直されることになりました。一方ステイホームということで、料理の楽しさにあらためて気づいたという声もたくさんありました。家庭で子どもたちと一緒に料理するなかで共有できた時間が心を豊かにしてくれたのだと思います。食教育を担う私たちは休校中に、家庭でも使える給食レシピや、成長期に必要な食事のバランスや感染予防に関する情報提供など食の支援についてできることを模索し、登校日にお便りを配布したり学校のホームページに掲載したり、それぞれの栄養教職員が取り組みを実践しました。

ただ休校中であることで、内容が伝わっているのか、家庭で一生懸命食事を作っている保護者のプレッシャーにならないかと心配することもあったと聞いています。各地域では感染拡大防止のため会議や研究会が中止となり、一人職種の栄養教職員は、思いや情報を共有する大切さを感じた日々でした。現在も治療薬やワクチンの開発が急がれていますが、自分自身の免疫力や抵抗力を高めるために欠かせない栄養と食事をとれるように専門職として発信することが、子どもたちの健康教育を推進する教育現場で働く栄養教職員としての使命だとあらためて感じました。

4　コロナ禍での学校再開にあたって安全な給食を提供し、食育を推進するために

6月になり分散登校を経て学校が再開され「学校の新しい生活様式」にそって給食も始まることになりました。子どもたちの学校生活のなかで感染リスクが高い活動とされた給食の提供にあたっては

多くの課題がありました。教室では給食前の手洗いの徹底はもちろん、給食当番の健康観察も今まで以上にていねいに行い、配膳による感染防止に対応しました。密を避けるために日課を2つのグループに分け給食時間の開始時間をずらしたり、食べる際には座席の配置を工夫し3密を避けるために空き教室を活用しクラスを2つに分けて食べる工夫をしたり、配膳室での混雑を避け小学校1年生の給食を調理員さんが教室まで運ぶようにするなど各校で給食開始のための準備が進められました。

食事中に、はずしたマスクのとり扱いはとくに注意を要しました。また食事中は会話を控え静かに食べることとして音楽を流し、なごやかな環境を作るなど、各クラスでの工夫もありました。食事の片づけに当たっては飛沫感染を防ぐため牛乳の飲み残しは教職員が処理する、牛乳パックはリサイクルせずそのまま廃棄することになりました。飛沫感染を防ぐために食べ残しの食器の返却の仕方を変更するなどさらに細かい対応を養護教諭や給食主任と栄養教職員が連携し、学校全体での共通理解を重ねてきました。

文科省からは、給食室では「学校給食衛生管理基準」に基づいた調理作業や配膳等を徹底するようにガイドラインが示されており、毎日の調理は加熱調理を基本に温度や時間を管理し安全な給食の提供に努めています。配膳の過程を省略できる品数の少ない献立を提供することや配膳を伴わない簡易な給食にすることなど、給食内容について地域レベルにあわせた提供が示されていますが、給食現場は、給食センター方式や単独調理場方式、学校ごとにも規模や施設、調理業務形態などのちがいがあり一律の対応では実施できません。学校給食では児童生徒の健やかな育ちを支えるため、食事摂取基準に基づいた栄養量を確保することはもちろんですが、子どもたちの接触感染を防ぐための献立の工夫や給食時間のあり方が優先されました。

給食の業務は調理だけではありません。残渣を処理し返却された食器などを洗浄する作業のなかで、調理員さんから感染を危惧する声もあがりました。食べ残したものを処理することで飛沫感染しないという根拠が示されていないため、フェイスシールドや手袋の着用も実施されています。自身の感染が危惧される状況で勤務を続けています。食品からの感染例は報告されていませんが、給食室で働く調理員さんの安全はどう考えたらいいのかという悩みもあります。私たち自身がコロナウイルスに感染したら学校給食がストップしてしまうという恐怖感が常にあります。

栄養教職員は学校給食を活用しての食教育の推進とともに給食の運営を任されている責任を感じています。授業時間の確保のため夏休みが短縮になり、本市では各学校の給食室にスポットクーラーが急遽設置されましたが、給食の開始は9月からとなりました。高温多湿になる調理現場では作業中の熱中症対策も課題のひとつでした。コロナ感染拡大状況から判断し、2学期からの給食は、それまでの配膳に考慮し品数を減らした献立から従来の品数に戻すことになりましたが、それぞれの学校の栄養教職員が校内の実情に応じた献立を作成提供しました。

5　コロナ禍で再開された給食の役割と食育の発信

3月の臨時休校から6月の学校再開までの3か月という長期休業後、給食を楽しみにして待っていた子どもたちももちろんたくさんいました。4月も5月も休校のまま新しい学年になり、新しい環境に慣れるまでには当然時間も必要でした。そのうえ新しい生活様式のなかで、給食も楽しい時間というよりは緊張の時間になったと感じている子どもたちもいます。感染拡大が続くなかで、口から食べ物と一緒にコロナウイルスが入ってしまうという思いから、給食だけでなく一切食事をとれなくなってしまったという子どももいました。給食で使う箸やスプーンに不安を感じ、家庭から持参する子どももいました。子どもが安心して給食を食べられるように十分な説明と環境を整え、保護者の理解もえることが、給食再開のための第一歩でした。

学校給食は子どもたちに栄養バランスのとれた食事を提供することも大切な役割です。さまざまな環境のなか、十分な食事が提供されていない子どもたちにとって、給食での一食はバランスのとれた食事が確保できる大切な機会です。日本の学校給食の始まりは、貧困家庭にある子どもへの栄養補給、食事の確保を目的として始まりましたが、その後学習指導要領のなかで特別活動として、さらに食教育として学校給食の目的や役割も変わってきました。

今回のコロナウイルス感染症の拡大のなか、そして格差社会のなかで学校給食は再び子どもたちの食を保障する役割も果たしています。給食で季節の食材を味わい旬を知ること、地場産物を知ること、献立のなかで郷土の料理を味わうことや行事食をとおして食文化を学ぶこともできます。食べ物の命をいただくことで自分たちの命がつながれていることの尊さも知ることができます。さらに食にかかわる人たちへの感謝の心も生まれます。学校で一緒に食べることで、お互いに気持ちよく過ごすための食事のマナーを身につけることもできます。苦手な食品に挑戦できるきっかけになることもあります。給食当番をすることで安全な食事の配膳を学びます。私たち栄養教職員は子どもたちと一緒に学び、全員が同じ給食を食べることで生きた教材として食教育に活用しています。生きることの基本である食についてすべての子どもが平等に学ぶ機会は、生涯をとおしてこの義務教育期間だけです。食べたものが体をつくり、心を育てているという目に見える結果をすぐにえることはできませんが、コロナ禍でも将来の健康につながる教育を止めることはできません。きちんと食事をとらなくても今の健康がすぐに損なわれたり、一回の食事をとらないことですぐに体調を崩したりすることはありません。だからこそ給食をとおして日々くり返して食の大切さや楽しさを伝えているのです。教育現場はさまざまな職種がチームとなって、子どもたちの健やかな育ちを支えています。けれども学校栄養教職員の配置は、学校教育法のなかで必置になっていません。栄養教職員が配置されていない学校では給食を提供することはできても、給食を教材としてその子どもたちの実態に合わせた日々の食教育が十分に実践できていないのが現状です。治療ではなく未然に病気を予防し、健やかな育ちと将来の健康な生活のために学ぶ食教育を栄養教諭として実践していきたいと考えます。

今回のコロナ感染症拡大のなか、今まで当たり前のように実施されていた給食時間のあり方が変わっても、心身の健康を守り、命をつなぐ食、そして食からえられる心の豊かさにかかわる指導は重要だと考えています。今回の感染拡大にあるなか、教育現場でも学びの保障をするためのＩＣＴ活用が進められています。食に関する指導においても、情報発信や給食時間に声を発しての直接指導ができない場面でのＩＣＴの活用、さらには、家庭や地域にむけて幅広く発信できると気づくことができました。給食という体験をとおしての学びは置きかえることはできませんが、ＩＣＴを活用した食教育を進めていくことが必須になります。けれども栄養教職員はまだ十分活用できているわけではありません。栄養教職員にはICTの活用のためのスキルを身につける研修が今まで十分ではありませんでした。最新の研究や情報を私たち自身が学びつづけること、教育現場のみならずさまざまな職種と協力し実践することがさらに大切だと思います。

6 新しい学校生活様式を踏まえた教育のなかでの給食の役割

これから先の時代にも今回のように予測できないことが起こるかもしれません。そのためにも子どもたちには「生きる力」が求められます。生きるうえで食べることは必ず必要です。さらに料理することや食べること自体の楽しみを知ることは、生きることを豊かにしてくれることを伝えたいのです。子どもたちが将来、自分の食事を自分で整えることができるようになることを目指しています。休校となり給食がストップしたことで、成長期にある子どもたちに必要な一食分の昼食を提供できないだけではなく、食にかかわるさらなる課題もあらためて明らかになりました。感染症に対して免疫力や抵抗力を高めるための栄養の知識の習得も大切になります。知育・体育・徳育の基になる食教育は、毎日の学校給食を教材として活用し、子どもたちをとおして家庭や地域にも食にかかわる情報を発信しているからです。

新型コロナウイルス感染症のなか、「新しい学校生活様式」は感染拡大を防ぎ、学習を保障することはもちろんですが、給食を提供することは、心身ともに健康に生活し、未来に向けて生きる力を育む役割を果たしています。これからもそれぞれの学校のなかで、さまざまな状況にある子どもたちに寄りそう食教育を実践することが、学校教育における給食の役割であり専門職としての栄養教職員の使命だと思います（令和2年4月に異動になり、3月までの実践は前任校のものです）。

コロナ禍から考えるポストコロナ時代の学校事務
――教育現場における財政と子どもの就学保障を視点に

埼玉県川口市立小谷場中学校事務主査
柳澤靖明

「公教育の無償性を実現し、子どもの教育を受ける権利を保障する」――これはわたしのライフワークであり、仕事を進めていく指針としても掲げている。コロナ禍において公教育を考える視点としても、「無償性」と「権利保障」は重要事項となってくる。本稿では、学校事務の領域で経済的困窮者の就学を援助する制度（以下、就学援助）、それとあわせて学校予算（＝公費）や保護者負担金（＝私費）の財政管理（以下、学校財務）に絞り、ポストコロナ時代の学校事務や教育条件について考えていく。

まず、コロナ禍における事務職員の苦悩や試行錯誤を共有し、現状の整理から今後の取り組みや方針につなげる目的のため、現代学校事務研究会ほか（２０２０）が実施した調査の結果「COVID-19に関する学校事務職員緊急アンケート調査結果」[1]（以下、アンケート）を紹介することから始める。

1　コロナ禍の学校事務——アンケート結果から

このアンケートは、コロナ禍における学校事務のリアルが各方面・各分野から集約されている貴重な資料であるが、紙幅も限られているため本稿の目的に沿った部分のみを整理して紹介する。

学校財務の領域では、飛沫防止物品として「1人1枚のパーティションを探しているが、仕様と価格の面で納得できる商品がまだ見つからない」（4頁）という回答がある。また、衛生用品の調達が困難であったようすとして「アルコール等の消毒液、ハンドソープ、噴霧器、マスク、使い捨て手袋、非接触型体温計等が手に入らない」「非常に高価である」（5頁）という回答も多い。あとで触れるが、いわゆる第2次補正予算として組まれた「学校再開に伴う感染症対策・学習保障等に係る支援経費」（以下、再開支援費）により、カネがあってもモノがない状況で「物品の購入・設置が各校に任されており、調達できずに困った」（6頁）という本末転倒な実態も報告され、「現物支給」（6頁）を望む回答も目立っている。また、臨時休業中の課題等作成では、「コピー用紙代が増加」「印刷機のインク、マスターを大量に消費」「『健康チェックカード』の作成のため、厚手の画用紙の消費が激しい」（6頁）ことなどから相当な出費増がうかがえる。さらに、情報の急な変更により手紙の差しかえも多く「紙が廃棄されていく」（6頁）問題も指摘されている。そして、分散登校が開始されると「電子黒板が不足」「授業1回で消費するものが必然的に今までの2倍必要」「空調設備がすべて整って」（5頁）いないなど、教具の不足や予算の見通し、施設設備や水道光熱費の課題について回答が目立ってくる。

ほかにも、子どもたちだけではなく教職員の労働環境を指摘している回答として、学校給食調理員の熱中症問題に触れ「アイスベスト、冷感マスク」（5頁）購入による対応だけでよいのかという不安――また、「ウイルス対策として次亜塩素酸水を購入していたが、次亜塩素酸ナトリウムじゃないと意味がない、アルコールのほうが効果的である、スプレー噴射はよくないなど、情報がコロコロ変わり、結局何を買えば……?」（6頁）という困惑――も回答されている。双方とも圧倒的な情報不足による不安や困惑が想像できる。このように教職員はウイルス対策の専門家ではないため、情報に踊らされる場合は多いし、管理職のリーダーシップが正しいとも限らない。特に、コロナ禍における物品調達を担当している事務職員の苦悩を肌で感じられる回答である。

以上は、学校予算（＝公費）についてだが、続いて保護者負担金（＝私費）に対する回答も確認しておく。それはおもに、学校給食や補助教材、修学旅行に関する費用があげられている。たとえば、分散登校時に取り組む課題（ワークやドリル）を保護者負担で追加購入したことや「密を避けるため、バスの台数を増やす」（6頁）という方法により、保護者が負担する費用は増加している。このほかにも、フェイスシールドやアクリルボードなどを個人もち――受益者負担――として、保護者から費用を徴収している学校も考えられる。飛散防止対策が自分を守ることに置きかえられ、利益を受けるのは子どもたち自身というロジックから受益者負担論が正当化されていく恐れがあり、事務職員は注視していく必要がある。

就学援助の領域では、周知と申請に関する回答が多い。年度末から年度初めにかけて教育局担当課と保護者のあいだを学校が仲介し、新規や継続の申請手続きが必要になる自治体は多い。通常でもそれなりの労力を必要とするが、それに加えてコロナ禍では「回収について、周知する機会が少なく大変」(7頁)、「失業したり、所得が減ったりしている保護者」(8頁)の対応が困難であったとされている。また、認定基準に関して「あくまで去年の所得で決まる」「現状に対応できる制度」(8頁)になっていないという問題の指摘、逆に「新型コロナの事由で収入が減少した保護者」(8頁)に対する通知が出された自治体の報告があった。「教員と手分けして申請書が届いていない家庭について電話連絡した」(8頁)という実践も書かれている。

2 事務職員からみた学校の記録

ここからは、おもに埼玉県川口市のことや小谷場中学校の状況を記録していく。

今年度当初の令達予算には、コロナ禍における特別予算の計上はなかった。4月、人事異動により教職員は入れかわり、新年度がスタートした。入学式の実施・未実施が確定しない状況のなかでも、職員会議でさまざまなことが検討されていく。わたしも例年通り、年間財務計画を提案した。通常の教育活動が始まる可能性は期待できず、さまざまな恒例行事をどの程度実施できるのかという見通しも立たない。埼玉県においては、おそらく前代未聞の事態である。そのため、この状況下を十二分に考慮し、想像力を豊かに保ち、前年度踏襲に捉われない予算(消耗品や備品、ドリルや実習材料などの補助教材など)を授業者とともに編成した。経済的に困窮した家庭も少なくないことをかんがみて、なるべく保護者の負担を減らすような工夫をしていった。その途中(4月中旬)で、在宅勤務が開始さ

郵便はがき

料金受取人払郵便

神田局
承認

6430

差出有効期間
2022年12月
31日まで

切手を貼らずに
お出し下さい。

101-8796

5 3 7

【受 取 人】

東京都千代田区外神田6-9-5

株式会社 **明石書店** 読者通信係 行

お買い上げ、ありがとうございました。
今後の出版物の参考といたしたく、ご記入、ご投函いただければ幸いに存じます。

ふりがな お 名 前	年齢	性別

ご 住 所 〒 -

TEL ( ) FAX ( )

メールアドレス	ご職業（または学校名）

＊図書目録のご希望 □ある □ない	＊ジャンル別などのご案内（不定期）のご希望 □ある：ジャンル（ ） □ない

書籍のタイトル

◆本書を何でお知りになりましたか？
□新聞・雑誌の広告…掲載紙誌名[ ]
□書評・紹介記事……掲載紙誌名[ ]
□店頭で　□知人のすすめ　□弊社からの案内　□弊社ホームページ
□ネット書店[ ]　□その他[ ]

◆本書についてのご意見・ご感想
■定　価　□安い（満足）　□ほどほど　□高い（不満）
■カバーデザイン　□良い　□ふつう　□悪い・ふさわしくない
■内　容　□良い　□ふつう　□期待はずれ
■その他お気づきの点、ご質問、ご感想など、ご自由にお書き下さい。

◆本書をお買い上げの書店
[　市・区・町・村　書店　店]

◆今後どのような書籍をお望みですか？
今関心をお持ちのテーマ・人・ジャンル、また翻訳希望の本など、何でもお書き下さい。

◆ご購読紙　(1)朝日　(2)読売　(3)毎日　(4)日経　(5)その他[　新聞]
◆定期ご購読の雑誌[ ]

ご協力ありがとうございました。

ご意見などを弊社ホームページなどでご紹介させていただくことがあります。　□諾　□否

◆ご 注 文 書◆　このハガキで弊社刊行物をご注文いただけます。
□ご指定の書店でお受取り……下欄に書店名と所在地域、わかれば電話番号をご記入下さい。
□代金引換郵便にてお受取り…送料+手数料として500円かかります（表記ご住所宛のみ）。

書名	冊
書名	冊

ご指定の書店・支店名	書店の所在地域 都・道　府・県　市・区　町・村
	書店の電話番号　（　）

れたのである。週に２～３日程度の在宅勤務を余儀なくされ、教職員間の情報交換や相談もままならなくなった。幸いにもある程度の必要物品は確定していたが、見積もりを依頼する段階や注文を確定する段階で学校勤務のタイミングが合わず、打ちあわせができない状態もあった。そんなとき、LINEアプリに頼ったことが懐かしい。

この時期（４月後半）から、わたしはオンラインツールに頼り始め、ZoomやYouTubeをつかった研修を試みた。毎年、校内研修の時間で学校財務と就学援助のポイント研修を実施している（柳澤２０１９）。しかし、この時期は対面研修など考えられない状況であり、まだまだ在宅勤務中心の時期でもあった。そのため、自分の都合に合わせて研修を受講できるというメリットを生かして〈サテライト校内研修〉を計画して、在宅勤務中に動画を撮影し、YouTubeで配信した。なかには、学校勤務中に視聴していた人もいたが、多くは在宅勤務の時間に視聴していたことも影響したのか、例年よりも「深い学び」を感じとれるアンケートを提出してきた人が多かった。

もうひとつ、Webサイトを使った取り組みがある。以前から、わたしは保健だよりや給食だよりのように、事務室だよりを家庭に向けて配付している（柳澤２０１６）。先のアンケートでも、就学援助制度の周知に対する困難さを回答していたが、それをフォローするために近隣の学校12校で就学援助制度を説明した〈共同リーフレット〉を家庭向けに作成し、それぞれの学校Webサイトに掲載した（教育新聞２０２０）。――余談だが、共同学校事務室という制度[2]があり、基本的には単数配置の事務職員が共同で仕事をすることができる。埼玉県川口市は未設置であるが、それに近い制度として「学校事務の共同実施」はあり、室長の代わりにリーダーが指定されている。その組織で企画立案し、教育局担当課の決裁を受けてWebサイトに掲載した。この時期、保護者に向けたお知らせは、一斉メールの送信かWebサイトへの掲載が多く、紙による配付よりもタイムリーに発信できることや、保護者も見慣れているだろうという理由から周知の効果が期待されると考えた。情報が届くことで、個別に相談を受けることへつながる。社会が混乱しているなか、急な失業や所得減などと向きあい、自分自身で制度を探し、対応していくことはたいへん困難だ。そのため、事務職員は「就学援助ケースワーカー」（柳澤2020）として、家庭に向きあい、子どもの就学を保障していく実践が必要になってくる。

6月になると、分散登校が開始された。想像を超える量のアルコールやハンドソープが消費されていった。このとき、まだ再開支援費の令達もなく、通常の予算がどんどん消費されていく焦りがあった。しかし、メディアは「学校に200万から400万を支給」と再開支援費の報道を続け、教職員もその気になるのは当たり前で、さまざまな要求が事務職員に届く。この状況下で、いつ令達されるのか（……本当に現場まで降りてくるのか）という不安を抱えながら物品購入を精査し、続けていた。県内でも1学期中に令達された自治体、学校から要望をあげて教育局が執行するという自治体（じゅうぶんな要望をまとめる期間を定めているところもあれば、通知から提出まで数日という自治体の話も聞いた）、ほかにも学校に現金が振りこまれる自治体もあり、津々浦々さまざまだ。結局、本市が学校に令達したのは9月補正予算の成立後であった。本校の予算規模は200万円である。しかし、教育局が全校共通で必要と考える物品を購入した残り、予算の約半額が令達された。たとえば、無線LANルーターやタブレット用ケース、給食室の職員用インナーベストを一斉に購入している。そのため、実際には

100万円程度の執行を任されたことになる。さらに、当初は消耗品のみが対象と示されたため困惑した学校も多い。本校でも、備品を中心に購入する計画を立てていたからである。

地方自治法では、「支出負担行為」という支出の原因となる契約などをする行為について定めている。[3] この権限が校長（学校現場）にあるかないかにより物品購入の方法は大きくちがってくる。川口市の校長に与えられている権限は、消耗品30万円までの支出負担行為のみであり、備品の購入を決定する権限は与えられていない。そのため、備品を購入するには教育局担当課へのうかがいから始める必要がある。最終的には、再開支援費でも備品購入のうかがいを立てることは可能となったが、その締め切りは決定の約2週間後であった。余談であるが、消耗品であっても校長に支出負担行為権限がなく購入の決定を現場ではできない自治体もある。このように、権限が与えられていないだけで学校現場の自治・自律性を阻害してしまう場合がある。特に、コロナ禍という緊急事態においても制度が整っていなく、柔軟な対応ができない危険も生じてくるため、この機会に見直す必要があるだろう。

3　いまこそ、私費負担を問い直す

知る限り、就学援助利用者の学校給食費は無償となっている。換言すれば、無償で昼食の提供は保障されている。しかし、臨時休業により学校給食が実施されず、昼食の提供がストップし、困難を抱える家庭も出ていた。その状況から、文部科学省（2020a）は「学校給食が実施されたこととみなすなどし、要保護者に学校給食費相当額を支給する場合、当該経費を補助対象経費として計上して差し支えない」ことを都道府県教育委員会へ通知した。通知される以前から、使われなくなった財源を工夫して、就学援助利用者へ昼食費の援助をしていた自治体もあったが、この通知を受けて取り組みは各地へ広がっていった。埼玉県川口市でも6月下旬、就学援助利用者に対して学校給食費相当額が支給された。しかし、これは一時的な援助、さらに表現はよくないが使うはずであった費用が使われなかったことによる財源であり、本来の意味で無償性に近づいたとはいえない（コロナ禍を理由に学校給食費の無償化を実現した自治体もある）[4]。

保護者の私費負担は、学校給食費だけではない。学校が指定し、教育活動に必要とされているが社会には見えにくい私費「隠れ教育費」（柳澤・福嶋2019）も多く存在している。公益社団法人セーブ・ザ・チルドレン・ジャパン（2020）の調査[5]（以下、調査）によれば、「新型コロナウイルスの影響により、学校教育にかかる費用を支払えなかったことはありますか」という質問に対し、「支払えなかったことがある」、または「これまでにはないが、今後支払えなくなる可能性がある」と不安視した費用として「教材費」で37・6％、「修学旅行費」で39・5％となっている。回答者の約4割が学校徴収金の支払いに不安を感じていたことがわかる。調査では、就学援助制度について改善してほしい点も聞いている。たとえば、コロナ禍で実施した学校も多い「オンライン授業やオンライン学習に関わる費用」を支給対象としてほしいという要求がある。それに応じたように文部科学省は、就学援助の国基準にオンライン学習通信費を加える措置をしている。さらに、文部科学省（2020b）の翌年度概算要求でも、制服代・ランドセル代等の「新入学児童生徒学用品費等」や「オンライン学習通信費」などの予算単価を引きあげる要求をしている。

4　ポストコロナ時代に向けて

先の調査で「子どもの生活・学習環境における経済的な不安を解消するために、どのようなことが必要だと思われますか」という質問に対し、「小中高校生にかかる費用をすべて無料にすること（制服代や教材費などを含む）」が一番高い割合で望まれている（72・6％）。

現在、公教育に対しても保護者の私費負担は多い。そのため、経済的困窮者に向けた就学援助制度の必要性は理解できる。援助項目や援助費の拡充も必要となってくるだろう。しかし、コロナ禍においてその制度周知や申請の困難、相談対応、所得申告や書類提出などといった課題が露呈している。就学援助制度を利用するということは、自分の家計を客観的にとらえて、所得の不足などを理解し、しかるべきところへの連絡と行動が必要となる。そこまで到達して、判定開始というスタートラインに立てるのだ。そして、認定がされたとしても援助費の支給までは道のりが長く、一時的な支出は避けられない事実がある。後から戻ってくる（遅れて支給される、まとめて支給される）ことはあるが、一時的に数か月で数万円の出費が発生してしまう。この問題を解決するためには、就学の支援という選別的な政策ではなく、普遍的な政策として無償性の実現が急務であることは論を待たない。

だれもがひとしく教育を受ける権利を保障される社会を実現するためには、日本国憲法で定められた文字通り、無償性の実現が必要であり、そのことをコロナ禍で再認識することができた。ポストコロナ時代に向けて、無償性の実現は欠かせない政策として捉えるべきである。

注

1　このアンケートの目的は、「学校におけるCOVID-19対応について、学校事務職員的視点から現状および問題点等を探り、さらに、本アンケート調査結果を『学校事務』誌上で公表し、情報の共有化を図ることによって、学校現場におけるCOVID-19対応・対策の改善、スキルアップ、問題解決に資すること」であり、全国の公立学校事務職員120名が回答している。調査項目を要約すると、①対策や対応で困っていること、②今後の検討課題、③独自の取り組み、④他校の取り組み状況で気になること、⑤コロナ禍で気づかされたこと、⑥情報の発信状況、である。

2　地方教育行政の組織及び運営に関する法律第47条の4

3　地方自治法第232条の3

4　たとえば、2020年の学校給食開始時期から、小中学校の学校給食費を1学期間分無償としたのは、大阪府大東市、沖縄県石垣市、愛知県豊田市があり、大阪府大阪市は年度末まで続け、翌年も続ける方針であるとしている。

5　2020年5〜6月、関東圏1320世帯を対象に「ひとり親家庭応援ボックス」（ひとり親に食料品や遊具を提供した新型コロナウイルス感染症緊急子ども支援）を提供し、その際に回答いただいたアンケート調査とされている。

参考引用文献等

教育新聞（２０２０）「コロナ禍で困窮する家庭を支える 就学援助の現状と課題」2020.10.12（https://www.kyobun.co.jp/news/20201012_04/）2020.10.16 アクセス

現代学校事務研究会・学校事務法令研究会・『学校事務』編集部（２０２０）「COVID-19 に関する学校事務職員 緊急アンケート調査結果」（http://www.gakuji.co.jp/pdf/gakkojimu-covid-19-enquete-2020.pdf）2020.10.01 アクセス

公益社団法人セーブ・ザ・チルドレン・ジャパン（２０２０）「『ひとり親家庭応援ボックス』利用者アンケート結果」（https://www.savechildren.or.jp/scjcms/dat/img/blog/3381/160015573517.pdf）2020.10.01 アクセス

文部科学省（２０２０ａ）「新型コロナウイルス感染症対策による臨時休業に伴う令和元年度要保護児童生徒援助費補助金（学校給費《ママ》）の取扱いについて」

文部科学省（２０２０ｂ）「令和２年度文部科学省 概算要求 初等中等教育局」（https://www.mext.go.jp/content/20200929-mxt_kouhou01-000010168_7-2.pdf）2020.10.01 アクセス

柳澤靖明（２０１６）『本当の学校事務の話をしよう』太郎次郎社エディタス

柳澤靖明（２０１９）『学校徴収金は絶対に減らせます。』学事出版

柳澤靖明（２０２０）柳澤靖明・福嶋尚子「就学援助制度の課題と展望」『季刊教育法』エイデル研究所、pp.62-69

柳澤靖明・福嶋尚子（２０１９）『隠れ教育費』太郎次郎社エディタス

今こそ、形状記憶マインドから脱却するとき
――コロナ後の教育課程経営をどう進めるか

神奈川県横浜市立日枝小学校校長
住田昌治

1　新型コロナウイルス感染症による学校の休校再開後配慮したこと

私が校長として勤める勤務校で、学校再開後の教育課程について基本的な考え方を共有するために、私は次のように教職員に伝えた。

「学習の遅れをとり戻す」「コロナウイルス感染拡大防止」というかけ声のもと、多くの子どもが楽しみにしている行事等の中止や延期、精選、長期休みの短縮、土曜授業、7時間授業等が求められるなかにあって、どのような資質・能力（学校教育目標で目指す姿）を身につけさせていくのかを重視した教育課程再編成が必要だ。まちがっても、やみくもに教科書を終わらせるためだけの授業に偏ってはいけない。学校再開を楽しみにしていた子どもたちをこれ以上がっかりさせてはいけない。今、子どもたちが、学校で学ぶ楽しさを実感できなければ学校の存在意義さえ薄れていくことを認識する必

要がある。

短期間で教育課程の遅れをとり戻そうと、これまで以上に一方的な詰めこみ教育が行われれば、子どもの主体性がないがしろにされる。「こなす」ことを優先するのではなく、子どもが学校で学ぶことの価値を検討するところから始めたいと思う。これからやってくるといわれている第二波、第三波に備えて、再び家庭で学ぶことになっても、子ども自身が日々の生活や学びをつくっていけるようにしておかなければならない。学校でやって身につけておくこと、家庭と協力してやっていけるようにしておくことを視点としながら、教育課程を見直すこと。子どもたちが自立した学びを実現するために、家庭で過ごすときの一日のスケジュールや学習計画は、あらかじめ学校でも経験し、家庭と協力して実行できるようにする。

小学校においては、新学習指導要領の実施の年なので、授業改善も欠かせない。

◎　教師が教える⇩子どもが学ぶ授業への転換：学びの主体は子どもであり、子どもと一緒に考えていくことが重要。教師はティーチングからコーチングへとマインドセットを変える。

◎　主語を子どもにする（主体を子どもにする）ことで、新しい文化を創りだしていくのは自分なんだという〝主体性の感覚〟を！

そのために、「意見をいう⇩聞いてもらう⇩否定されない⇩意見をいう」というくり返しのなかで学習環境を整え、自分の居場所をつくり、自己肯定感（自分が好き）を育てていくことが肝要だ。まず、大切なことは遅れをとり戻すために焦って窮屈な教育課程にしないこと。「主体的、対話的で深い学び」を希求する学びへの転換期なので、子ども主体の、子どもが主人公の学校に大きく変えていくこと。教育課程編成においても子どもの声をできるだけ聞きながら、進めていこう。そういう意味でも、大人が勝手に決めてしまうのではなく、ゆっくり子どもとともに話しあい、考えていくことを大切にしたい。

これからはＶＵＣＡ（ブーカ）の時代で、Volatility（変動性）、Uncertainty（不確実性）、Complexity（複雑性）、Ambiguity（曖昧性）に満ちている。今回の新型コロナウイルス感染症のような事態や大きな災害は、これからは頻繁に起こるかもしれない。学校での学びの時間が有限であることを自覚し、今回のような逆境に置かれたときに、それにどう向きあうか考えて行動することが必要になる。逆境と向きあっている先生の姿を見て、逆境と向きあえる児童生徒が自ずと育つ。子どもはいった通りに育つのではなく、大人がするように育つ。試行錯誤しながらアイデアを出したり、挑戦したり、いろんな人と対話をしたり、自分一人でアイデアが出ないときには、仲間と相談したりする姿は、先生たちは逆境を乗り越えていくんだと児童生徒に伝わり学んでいくと思う。

2　教員同士のコミュニケーションや意思疎通の必要性

コロナ禍において、正解がない、どうすればいいか分からないという状況が続いている。誰かが答えをもっているわけでもなく、待っていれば誰かが答えを教えてくれるわけでもない。文部科学省や教育委員会の通知やガイドラインは重要だが、日常的に起こる問題や個別の対応には当てはまらないことも多い。「運動会はどのようにやるのか？」「修学旅行は行ってもいいのか？」「授業参観はやってもいいのか？」「授業研究会はどのような形でやろうか？」「感染症予防の取り組みや消毒作業はどこまでやればいいのか？」等々悩むことや判断に困ることがどんどん出てくる。

通常時には、何も考えずに実施していたことが、すべてゼロから検討しなければならない。このようなときに、管理職だけが考え、決断して実行していくのは一方的な押しつけになりかねない。非常時なので、トップダウンで決めてしまった方がいい場合もあるが、やはり教職員が主体的に話しあって答えを決めていくようにするほうがいい。教職員それぞれが今起きていることを自分事としてとらえ、問題解決していくことで判断力をつけることができる。うまくいかないときは修正しながら進めていけばいい。それが日常化していけば教職員集団としても自立していく。

しかし、教職員同士の対話やコミュニケーションを重視しない職場では、いつも指示や命令で動くことに慣れてしまうので、思考停止状態に陥る。それでは、いざというときに自分で決める力が育たない。コロナ禍において、よくいわれていることは、「指示待ち・横並び・思考停止」だ。管理職は、文部科学省や教育委員会からの情報は早めに教職員に伝えながら、それぞれの学校の実態に応じてどのようにしていくかを決めるために、対話とコミュニケーションの場と時間を確保することが肝要だ。このようなことは平時から意識されていなければならない。教職員が主体的に話しあい、行動する集団に育てておけば、「指示待ち・横並び・思考停止」で対応が遅れたり、大事なときに協力体制がとれなかったりすることはない。

3 仕事を進めていくなかでの喜び、やりがいを感じたこと
——子ども同士がエンパワーしあう学校

教職員は、子どものいい姿、成長した姿を見て、自分たちがやってきたことの成果を実感する。この学校に勤めていてよかったと思い、やりがいを感じ、ますますがんばろうという気持ちが湧いてくる。それが、長時間労働にもつながるのだが、このやりがいがないと教職員は続けられない。日本の学校現場は、過酷な労働条件、多忙な仕事にも関わらず、教員の授業力は高く国際的な学力調査でも常に上位に位置づいている。日本の教職員のがんばりに支えられて、学校教育は発展してきた。しかし、だからといって何でも学校が抱えこみすぎ、仕事を増やしていっていいわけがない。いい加減、教職員のがんばりも限界にきている。このままでは倒れる、もう続けられないという人も多くなってきた。せっかく教員になった人も、あまりに過酷な現場に嫌気がさして早々にやめていく人も増えてきたと聞く。そんななかでのコロナ禍である。

突然の全国一斉休校、休校も延長をくり返し、先が見えない状況が3か月も続いた。教職員は子どもが学校に来ないなかでも、教材作り、教育計画の変更、作り直し、子どもや家庭との連絡、子どもとつながるための工夫や努力を重ねていた。やっと、子どもの声が学校に戻ってきたときの教職員の生き生きとした表情は忘れられない。やはり、子どもあっての学校だ。子どもが来ない学校で働く教職員は、やりがいを失いかけていた。新学期から2か月休校のブランクは大きいが、一日でも早く、子どもたちが学校生活に慣れ、子どもと子ども、教職員と子どものつながり・信頼関係を築くことを

優先しなければならない。しかし、多くの学校では、学習の遅れをとり戻さなければならないとばかり、7時間授業、土曜授業、夏休み・冬休み・春休みの短縮、駆け足の教えこみ授業、運動会や修学旅行等の行事の中止……、子どもの育ちを無視して動きはじめた。教職員の長時間労働が復活し、疲れも増大し、イライラやストレスも高まり、子どもに厳しく当たるようになっていった。子どもたちも、我慢を強いられことが多く、家庭でも不安やストレスフルな状態だったので、その影響から問題行動やいじめ、不登校などに発展することも少なくなかった。

国が少しずつ人の移動を促すようになってからは、春から秋に変更していた学校行事や授業が再開できるようになった。それまで子どもたちの楽しみが少なかったわけだが、例年以上に子どもの意見をとり入れながら行われる運動会や修学旅行、体験学習や遠足、総合学習等、少しずつ楽しみもとり戻していった。そのなかで、人と人とのつながり、関わり、集団で行動することで学ぶ社会性などの育ちもとり戻していった。3月、4月、5月、年度のまとめと進級、卒業と入学というえがたい時期での経験を奪われた子どもたちの育ちの遅れは大きな痛手だったが、少しずつでもとり戻すことができたのは明るい兆しだ。

子どもたちの学習や行事への取り組みを見ていて感じることは、子どもたち同士がエンパワーしあっているということだ。成果物のあちこちに「みんなを笑顔にするために」「学校のみんなを元気にするために」「がんばってやっていこう」「やればできる!」とちりばめられている。また、子どもたちの話しあいのなかでもたびたび聞かれた言葉でもある。

6年生が修学旅行に出かけるときには、1年生が花道を作って見送り、運動会が終わった後には、

5年生が6年生にメッセージを送ったりしていた。子どもたち同士、お互いを思いやり、元気づける姿を見て、教職員も元気づけれられ、生きていくうえで大事なことを学ぶ。これからは、子どもが教職員を超えていくことが増えていくかもしれない、そういう姿を望ましい姿と捉え、やりがいに感じることも必要かもしれない。正解がない時代に突入したからには、年齢制限なく問題解決に当たり、対話とコミュニケーションを重ねながら答えを見つけ、決めていかなければならない。

4　新型コロナウイルス感染症のなかであらためて気づいたこと
——教職員の「形状記憶マインド」は根深い

管理職研修の最後に受けた質問で、「授業を変えなければいけないと思うのですが、先生たちはコロナ前に戻ろうとしているようです。やっぱり、慣れたやり方のほうが安心ですし、自信もあります。今までのやり方を変えようとしない教員をどうすれば変えられるでしょうか?」という問いがあった。これまでも研修の最後の質問では、けっこうこういう質問が多い。「どうしたら意識を変えることができるのか?」ということである。管理職や研修担当の指導主事がいくら変えようと思っても、なかなか変わらないというのが現実だろう。「変えたくない、変わらなければならないという意識がない。なぜ変わらなければならないのか分からない、何をどう変えたらいいか分からない……」という反応も多い。

いずれにしても、人を変えることはできないというのが昔からいわれてきたことだ。まず自分が変わり、その姿や成果を見た人が、自分もやってみようとか、自分だったらこうやろうという気持ちになって変わっていくものだと思う。人を変えることはできないが、人が変わるためのきっかけづくりはできる。どのような状況であろうが、そういうあり方が変容をもたらす。

今、コロナ禍でいろいろなことが今まで通りにはできなくなったが、逆に今までできなかったことができるチャンスでもある。なかなか変えられなかった教師主導の教えこみ授業から子ども中心の主体的な学びに変えるチャンスのときでもある。それなのに、先生たちは変わろうとせず、コロナ前に戻ろうとしているというのだ。コロナ前が決して持続可能な状態ではなかったはずなのに、なぜか、引き戻そうとしている力が大きい。これは、授業に限らずすべてのことに通じるマインドだ。私はこれを「形状記憶マインド」と呼んでいる。形状記憶合金や形状記憶シャツは便利だが、形状記憶マインドは変えなければならない。先生の教えることを疑いもなく信じ、いわれた通りのことをやっているような子どもにしてしまうのは、遠い昔のマインドだ。正解がある、社会の変化が遅い・小さい、同じことを同じようにやっていれば成果が上がるというような時代にはよかったかもしれないが、予測困難で正解がない時代には対応できなくなる。

また、授業が変わらなければ教職員の働き方も変わらない。教員だけで綿密に計画準備し、ワークシートやカードなどを作り、たくさんの資料を準備し、子どもが失敗しないように先回りして手を打つ、そして、授業後もていねいに丸つけしたりコメントを書き入れる。たしかにていねいなことはいいことではあるが、限られた時間のなかでやり終えるような仕事でなければ持続可能ではない。長時間労働で疲れはて、疲弊した状態でも一方的に教えこむ授業ならできるだろうが、子どもが主体的に学ぶ授業には対応できない。なぜならば、教員の疲れが酷くなると子どもの話を聞けなくなるというアンケート調査結果がある（共育の杜7月アンケート）。

子どもが主体的に学ぶ授業において、教員はファシリテーターとして声を聞いたり、考えを引きだしたり、寄りそったりする役割を担う。疲れていては、多様な子どもの考えに対応できなくなる。「どんな子どもに育てたいのか？」主体的に、自分で考え、判断し、行動する子に育てたいのならば、失敗しないように前もって手を打っておくのは逆効果だと思う。子どもを信じて任せ、うまくいかなかったら修正する能力をつけていくようにすることが肝要だ。

今、変わらなければならないのは私たち大人であり、教員だ。子どもの声に耳を傾けてみよう。本当は何を求めているのか、何をやりたいと思っているのか、どのようにやりたいと思っているのか、教員がやっていたことを手放すことが、子どものためになるということも多いと思う。今、コロナ禍によって学校は大変なことになっている。この状況で何も変わらないというのでは、持続可能な社会の創り手を育む教育をしていくことはできない。子ども中心の、子どもが考え、子どもが判断し、子どもが意思決定していけるような教育に変えていかなければならない。今こそ、形状記憶マインドから脱却するときだ。

ウイズコロナにおける、子どもを真ん中に据えるチーム学校

公立小学校教頭
池乗節子

1　新学習指導要領元年目前の令和元年度の全国一斉臨時休業

令和2年2月。全国の小学校では、4月から全面実施される新学習指導要領「主体的で対話的な深い学び」を具現化するカリキュラム編成がほぼ整い、年度末業務、卒業式準備に向きあっていた。そんなおり、職員室で一人の職員が声をあげた。「大変です、全国一斉臨時休校を首相が宣言するそうです」。衝撃が走る。私は教頭として、校長室に駆けこみ、校長に帰宅しないように依頼し18時半の首相の宣言を学校で校長や帰宅せず教務室に残っていた職員と一緒に見た。そのうえで、令和元年度最後の一日になりそうな明日の設計について、共に考えたいと校長に伝えた。そこで、校長と教頭である私と教務主任と6年担任で考えたことは次のようなことであった。

◎　午前中は可能な限り、学級担任と子どもたちの時間を大切にすること。
◎　卒業式ができるかどうか分からない状況を想定し、「卒業式」の「呼びかけ」や「合唱」を現時点での姿でよいから体育館で行い録画すること。
◎　休業中の家庭学習のプリント印刷など、教職員の負担軽減に向けて、学習ブックの手配とその費用の段取りをすること。
◎　子どもたちの不安を必要以上にあおらないこと。
◎　次週は、家庭訪問をし、子どもたちの顔を見ながら「学習ブック」を渡すこと。

子どもと担任の関係を考えた最低限、大切にしたいことを考え、校長と教務主任、6年担任をはじめ、残っている担任で共有し、職員メールで帰宅した職員にも伝えた。先生方の物理的負担をなるべく減らしつつ、子どもたちとのつなぐ関係性の維持に配慮した。

2　令和2年度幕開けと臨時休業に向けて

(1) Face to Face の関係性未構築の幕開け

離任式で子どもたちにあいさつをすることもできないまま、新しい学校へ異動となった。新年度は異動した学校で教頭として幕を開けた。保護者や地域との関係性が築けていないなかでの新年度は、顔には出さないように努めつつも不安と重圧を抱えてのスタートとなった。

（2）子どもの居場所確保と職員の出勤ルーティン整備

臨時休業中も、仕事を休業したりリモートワークを行ったりできない保護者も多い。そこで、子どもの預け入れ先の確保が重要になる。同じ校舎内にある学童クラブは、新潟市が開催を決めたため、もともと保護者が共働き家庭については、受け入れ先の確保はひとまずできた。しかし、それ以外にも、午前中または15時までは、保護者不在という家庭がかなりあることが分かった。加えて、臨時休業中は、市教育委員会から、職員の出勤も「密を避けるため」半数以下にすることを推奨する指示があるうえ、小中学生の子どもを抱えている職員も存在する。そこで、子どもの居場所確保と職員の出勤ルーティン整備を、職員の実態や希望に配慮しながら、次のように整えた。

ア　臨時休業中のあずかり児童把握と、割当教室と担当者の配置

保護者からあずかり日およびあずかり時間、方法を回答してもらい編成した。児童数200名弱であずかりは約20％、教室は2教室、監督は最低2名、交代要員も含め4名。

イ　職員分散出勤体制

1～3年生の下学年と4年生以上の上学年、担任以外の教員（管理職以外）、調理員・用務員の4グループに分けて、そのグループ内で各1名、輪番で出勤してもらうことにした。各チームは約4名編

成のため、4日に1日の出勤体制とした。チーム内で相談してもらい、職員の家庭環境や希望を踏まえてローテーションを組んでもらった。実際は、職員は半分出勤という学校もあるなか、職員を4チームにして、そのなかで相談して出勤体制をとってもらったことで、職員室の蜜を避けることができた。また、有給休暇ではなく「特別休暇」をあててよいことになっていたこと、職員間での相談にしたことで、調整がスムーズにいった。職員側からすると、あずかり児童担当も4日に1回でよいため、緊張感が日々続くという事態は避けられた。子どもを真ん中に据えて考え、あずかり体制ができたことに、やりがいを感じることができた。

(3) 新1年生のあずかり時の苦悩

新1年生は、例年であれば、スタートカリキュラムを経て高学年とかかわったり、学校探検やさまざまな活動を行ったりしながら、段階的に、小学校生活に慣れさせていく時期である。しかし、入学式からわずか1か月、ソーシャルディスタンスをとり、黒板側を向いた前向きの机で過ごしただけの新1年生。新1年生の子どもたちにとって、臨時休業中に、朝の8時頃から15時まで、ソーシャルディスタンスを保ちながら、自席に座って過ごすことは、苦痛以外の何物でもない。まずは、自席での学習を行う、次にダンスや体操タイム、テレビ（NHK for School など）を行う、それから家からもってきてもらうブロックやゲーム（TVゲームではない）を行うと、あずかり時のプログラムに変化をつけたものの、やはり、教室内の自席にとどまっていることは新1年生にとっては非常に厳しい。次第に子どもたちの表情から笑顔が消え、机に伏せたり、「つまんない」と口走ったりしていった。

入学直後の1年生にとって、高学年の児童との交流やサポートが得られず、友だちと手をつなぎあったり、車座になって遊んだり学んだりする空間もなく、ひたすら自分の席で前を向いて活動する。感染症ガイドラインを守ることに重きを置きながら手探り状態であった職員と試行錯誤を重ねはしたが、現実は厳しく、子どもたち同士のかかわりあいや学びあい、自由な空間の必要性を痛切に感じた日々であった。

3　分散登校と登校再開の状況に向けて

文部科学省の「分散登校期間は登校日には含めない」ということについては、職員はなかなか納得がいかなかった。分散登校ではあったが、授業を進めている、全員登校している、しかし、時数カウントや出席日数のカウントはされない。これには、今年度は「時数」という数字よりも、「子どもが学校に来て学べた喜び」や、少しでも一つでも、笑顔になれるよう先生や友だちとかかわれてよかった、ということととらえ、全職員で共通理解を図った。

新潟市では、午前・午後に分けた分散登校、曜日ごとに半分ずつ登校させる、と方法は各校に委ねられた。本校では、登校は午前と午後に分けることにした。それにより、担任が隔日で有給をとりやすくし、我が子と向きあう等の休みをとりやすくすることができる意味もあるし、学年内での日数が同じになる公平感を保つ意味もあった。

問題は、午前・午後のあいだに、机・椅子などの消毒をしなければならないことであった。この件についても、担任を中心に話しあい工夫していた。使う机を分ける。午前と午後の机の列をたがいちがいにすることで、机間の距離を保つ。目印を置き、ほかの机に触らない、などのルールを設けたことである。教室以外のトイレ・水飲み場・手すり・スイッチ等の消毒は、教頭・教務主任・養護教諭・事務職員の4人が2人ずつのチームとなり、輪番で行った。協力的で責任感のある職員だからできたものの、毎日最低1時間は、神経を使いながら消毒作業を行う日々は、やはり大変であった。7月末からは、市がスクールサポートスタッフを配置し、消毒作業等は専任スタッフに委ねることができた。

さて、新たな問題は、何であろうか。ここ数年間、実践し、定着してきた「子どもたちが主体的に関わりあう学習活動」が思うようにできない歯がゆさである。ペア対話や机をあわせてグループで相談したりすることができない。縦割り活動もできず、児童会主催の1年生を迎える会もできない。交流をなるべく避けるために、清掃も縦割りではなく学級ごとにしか実施できず、クラブや委員会活動もできない。6年生は最高学年になったという責任感や喜びを自覚することがなかなかできない。全校児童はかかわりあう喜びを味わうことができにくい。自己肯定感や自己有用感はどうなるのか、主体的な学びはどうなるのか……。文部科学省や市教育委員会からのガイドラインを日々チェックしながら、どうしたら子どもたちにとって少しでも充実した活動ができるかという相談が、職員間でなされていた。

せっかく、教師主導の授業からの脱却が図られてきたなか、また、ドリル学習や教えこみ学習への逆戻りだけは避けなければならない。この思いを皆、強くもちながらも、日々の「健康観察」「ソーシャルディスタンス」「給食時の配膳や飲食」「消毒」、そして子どものようすの観察。職員は疲労感を抱えながらも、逆戻りをさせないよう懸命に取り組んでいた。

4　教職員同士のコミュニケーションにより生み出された工夫

(1) 修学旅行の実施に向けて

自校の6年生は、5月に佐渡への修学旅行が決まっていた。市のガイドラインで延期が示された段階で、6年の修学旅行、5年の自然教室、4年の宿泊型農業体験活動の泊を伴う三つの行事について、校長・教頭・教務主任等で検討を重ねた。

5年の自然教室は、市外でバス移動時間が1時間かかる1泊2日予定を、バスおよび宿泊室での「密」を避けるために、市内で学校からバスで10分の場所にある施設での日帰りに変更した。時期は9月に延期した。4年の宿泊体験学習は今年度は中止。6年の修学旅行は7月中旬に延期のうえ、実施することにした。6年生だけは方面を変えてでも何としても実施させてあげたいという担任、職員、そして保護者の思いがあったからである。

そして、職員間で役割分担を図り、進捗状況を共有し、困ったことがあったらそのつど、協議を図りながら、実現に向けて進めていった。私は、市のガイドラインを基に、感染症対策を十分にとるべく旅行会社やホテルの担当者に示す具体的な条件や方策を作成した。教務主任はそれを基に、旅行会社と折衝をし、保護者に提案するコロナ感染予防策を講じた修学旅行変更案を作成した。時期も、

8月、9月は一般客が増えるであろうこと、10月は台風が襲来する時期であり、屋外での活動制限や中止がありうることも考慮しながら、7月実施の方向で進めた。その後「7月から県内の修学旅行が可」と教育委員会からガイドラインが示され、保護者会を開催し、「バスを中型から大型に変更」、「ホテルの一部屋の宿泊人数を半分に変更」、消毒や感染症対策の説明を行った結果、保護者は全員、実施に大きく賛同してくださった。そして、市内で最初に、当初の旅行先である佐渡に予定通り1泊2日の修学旅行を、7月に実施することができた。これは大きな喜びであった。しっかり方向性を決め、「6年生を修学旅行に！」という思いをもち、細かなところまでチームで考え検討しながら、策を講じていった結果である。

(2) ミニ運動会の実施

もう一つ大きな課題は、「運動会をどのように実施するか」ということである。形は変えても実施するという方向で、校内で検討することにした。運動会は、年間計画では、5月末の土曜日開催予定であった。しかし、校長から、学習参観日を予定していた9月第1週の金曜日の午前開催、学年分散型という提案がなされた。しかも、当初は、「短距離走のみの記録会ではどうか」という提案が校長から示された。その提案について、開催日と学年分散型について職員は応じたものの、種目については、体育主任を始めとして担任からは、もっと工夫させてほしいという声をあがった。

そこで、私は、平日午前開催、2学年ごとの保護者を入れかえ制という条件下で、種目案について腹案をもちながら体育主任と相談をした。「2学年をどのようなペアにするとよいか」「ソーシャルディスタンスを保ちながら、子どもたち自身がやってよかったというためにはどんな種目が可能か」「担任として、どのようなことを子どもたちにさせたいか」。このようなことを体育主任に投げかけたうえで、その後、体育部員で話しあい、それをさらに学年部で話しあう姿が教務室内でくり広げられていった。6年生が中心となる応援団は、子どもたちにとって思い出に残る種目である。「応援はどうするか」「応援団の編成はするか、しないか」、これも大きな課題であった。

自校が行った感染症対策を講じた運動会案は以下のとおりである。

◎学年を2学年ごととし、9時からが「1年と6年」、10時からが「2年と5年」、11時からが「3年と4年」で、子どもも保護者も入れかえ制。
◎保護者は事前登録制で、各家庭2名まで。
◎種目は、各学年とも「ダンスか民謡」「徒競走」「全員リレー」。
◎応援団は編成せず、応援は拍手か手話の拍手。

この案を踏まえ、「子どもたちにとって心に残る運動会になる」ために、職員は、種目の具体案や子どもたちの動きについて、とことん相談しあっていた。さらには、6年担任が中心となり6年生は「クラス会議」を開き、子どもたちの思いを拾っていった。その結果、「1年生と交流したい」という声が6年生からあがり、それを生かし、ダンス種目では、地元民謡「新潟甚句」を一つの輪で踊ることにした。体育の時間に、ソーシャルディスタンスを保ちながら、6年生は1年生の前に立ったり横に並んだりしながら、踊りを教えていた。コロナ禍でなければ当たり前の光景であるが、今年度は、6年生と1年生が交流する姿は、保護者や職員にとって久しぶりに見ることができた特別な光景であった。子どもたちの微笑ましい良い表情は、見ている保護者や私たち職員の胸を熱くした。

職員、6年生が思いを一つにアイディアを出しあい、現状でできることを形にしていくことに、職員も児童も共に喜びを感じることができた。

修学旅行も運動会も、最初から「やらない」「できない」とするのではなく、どうやればできるか、子どもを真ん中に据えて、職員間で考えあうことの大切さを改めて感じた。

5　教頭として困難を感じた地域との意思疎通

教頭は、学校を支える地域との連携や関係づくりを築き、進めていく職にある。4月に異動してきた私は、顔をあわせ声を交わし肌で人となりを感じながら、関係性を築いていかなければならない。しかし、4月当初は、ＰＴＡの引き継ぎや総会は開催できない、学校ボランティアも受け入れ不可、社会体育、放課後ふれあいスクールはできないという状況であった。

そんななか、6月から、社会体育団体への学校開放が可能ということが市の教育委員会から伝えられた。学校内の体育館、トイレ、水飲み場、児童玄関を、社会人である多くの方が利用することになる。ガイドラインを配付するだけの学校もあるなか、子どもを守るためにも私は、各スポーツ団体代表が集まる会に出席させていただき、ガイドラインを具体的に説明し、消毒や「三密」の防ぎ方、検温についてのお願いをした。本来は、教育委員会の仕事のようにも思うが、自校にまだ、ボランティアも入れてはいけないなか、社会体育に開放するのである。非常に神経を使いながらお願いをし、理解していただける協力体制を作れた。

高齢者の方と子どもたちがかかわる放課後ふれあいスクールに至ってはもっと困難であった。学習や遊びをしてくださる高齢者の方々は、自分が万が一、コロナを学校にもち込んだら、逆に感染したらと不安を感じる方がいる一方で、「大丈夫、大丈夫」と軽く考えている方もいる。子どもたちと触れあえず、生きがいが薄れ元気を失いかけている方もいる。PTAと市教委、学校、スタッフと考え方はなかなか同じベクトルを向かずさまざまな軋轢が生じかけた。これをていねいに説明したり、一人ひとりのお話をうかがったりする日々が続いた。「子どもを真ん中に据えて」を合言葉にしながらも、調整のむずかしさを感じた日々であった。

6　働き方改革の視点から

新潟市では、コロナ禍において、さまざまな制度の改善や追加予算が図られている。たとえば、家族や自身がコロナについての疑い等がある場合の特別休暇取得や、消毒等を専門に行うスクールサポートスタッフの採用（週27・5時間勤務）、コロナ感染症予防に伴う予算をつけること（国からの補助金制度もある）等。

教頭や一部の職員は、朝、子どもたちが登校する前に廊下や教室の窓をすべて開ける必要がある。

前日の夜、学校開放で社会体育団体が使用した後の消毒の有無を点検する必要もある。修学旅行やさまざまな行事、学習参観や個人懇談、ＰＴＡ活動、授業形態……。一つひとつについて検討し、見直し、案を作成し、業者や保護者、関係機関と話しあったり説明したりする。すべてに時間を要する。他校との情報交換もある。

ガイドラインや状況が変わるなかで、ぶれずに、同じベクトルを向いて教育活動を進めていくためには、時間が必要である。また、職員にも生活があるなかで、教育公務員として、コロナ禍における自身の生活圏や生活スタイルを慎重にしなければならないという精神的負担も大きい。風邪等の症状で休む職員に対し、教頭や教務主任も補講に入る。

学校現場において大切なことは何か。増えた業務と精神的負担があることを踏まえ、子どもと教職員、学校を守ることを真ん中に据え、今までやっていた会議や研修や提出物のなかで、簡略化できることややめられることを見出し、試行していくことである。そして切ないことや厳しいことを、声に出していくことである。

7　ウイズコロナから見えてきた本当に大切にしていくべきことを未来に

一番大切にしたいことは、「子どもを真ん中に据える」こと。そのためにガイドラインをしっかり共有したうえで、「どうすれば子どものために充実した教育活動ができるか」を職員、保護者、地域とみんなで考えあうことである。ときに子どもの声も聞きながら、チームで試行錯誤し、修正しながら、進めていくことである。

もう一つは、Face to Faceのコミュニケーションを大切にすることである。関係者の声を聴き、質問に答え、説明やお願いはプリントですませず、実際に伝えることである。可能な形を考え、集まってもらっての実施も大切である。

当初、教職員が行っていた消毒作業は、スクールサポートスタッフが担っている。今までとちがう環境下において、子どもをたしかに見守っていくためには、事務や作業のアウトソーシングを進める必要もある。また、チーム体制で子どもを見ることで、職員が休んでも大丈夫、安心して休める環境を整備することが求められる。また、対外的な会議や研修は、かなりＺＯＯＭ等を用い、校内でオンラインで実施できるようになった。往復の出張時間が減った利点もある。

コロナ禍だからこそ、アイディアを出しあい、無駄を削り、大切なことを見きわめた経験が続くなか、本当に必要なことは何かを考えていく。今年度、見直し、削減できたことを安易にコロナ前に戻すことなく、本当に大切か必要かをしっかり皆で協議し、新たな未来につなげていくときが確実に来ている。

コロナ下のスクールカウンセラー

公立小・中学校スクールカウンセラー
中野早苗

1　子どもたちの現状

今年度はコロナのために、遠足、修学旅行、運動会、文化祭といった、多くの子どもたちが楽しみにする行事ができなくなったり縮小されたりしている。中学校では、運動部の大会や文化部の発表会も中止または縮小になった。当たり前にできていたことがいくつも奪われてしまい、子どもたちは何度がっかりしたことだろう。それを思えば、全体的には、みなものごとを前向きにとらえ、気持ちをよく保ち、できることのなかに楽しみややりがいを見つけて、本当によくがんばっていると感心する。

そんななか、8月頃から、疲弊の片鱗が一部の子どもたちに見えはじめている。

〈コロナ自体の脅威〉

子どもたちのなかにはとても感受性の強い子がいる。そういう子たちは、「コロナにかかったらどうしよう?」「自分がおじいちゃんやおばあちゃんにうつしてしまったらどうしよう?」という不安が極度に強くなり、不定愁訴、情緒不安定、頻尿のような身体症状といった様相を呈す。

〈家族関係の悪化〉

私の勤務校では、不登校の子どもの数は特に増えてはいないが、リストカットなどの自傷行為をしている子どもがやや多くなってきている。その背景には、家庭不和があることが多い。コロナによって親は在宅勤務、子は臨時休校となって、家族全員が家のなかで過ごす日々が長く続いた。そのため、もともとあった小さな不和が次第に大きくなり、顕在化しているのだ。子どもも大人も、家庭を離れた自分の世界で過ごす時間が奪われてしまったわけなので、当然の結果といえるだろう。

〈学習や受験の不安〉

中学3年生は、これから高校受験の時期に向かっていく。臨時休校だけでなく、塾も休止またはオンライン授業になり、高校の説明会なども遅延されて、例年とはまったくちがう様相となった。コロナは、自宅で自己管理の下で学習ができる子と、できない子との格差を、確実に拡大してしまった。頼りにしていた塾に行けなくなって、学習がストップしてしまったと感じている子は多いだろう。一方、自分で学習できるしっかりした子は、自分に厳しいが故に、臨時休校期間にもっとがんばれたのではないかと、自分を責めているかもしれない。受験生はみなそれぞれに、不満と不安を抱えていることと思う。そのために無気力になったり、がんばらなければいけないとわかっているのに動けないという葛藤を抱えたりしているだろう。

かつては真面目にがんばっていた子が、最近無気力で不真面目になったように見えるとき、このような背景があるかもしれないので、叱るのではなく気持ちを聴いてやってほしいと思う。

2 情報共有の困難性

臨時休業中は教職員も自宅勤務をとり入れ、3分の1から2分の1の人数しか出勤していない日が多かった。そして極力会議を開かないことになっていた。通常ならば支援が必要と思われる子どもたちについて情報共有する会議が4月から行われ、スクールカウンセラーもそこから得られる情報にとても助けられるのだが、今年度はその機会が6月までえられなかった。特に新入生に関しては、子どもが登校して来ていないので、教員でさえ、聴きとりによる引きつぎはあったものの、直接子どもに対面して理解することは、6月になってやっとできたという状況だった。

スクールカウンセラーは週に1回程度の出勤のうえ、自宅勤務の日もあったため、新任または転任されて来た教職員と顔をあわせる機会が少なく、ご挨拶するのが6月になってからという方もいた。例年開かれていた職員の歓送迎会は、初顔あわせの職員と親しくなるいい機会だったことが、開けなくなってよくわかった。

スクールカウンセラー自身が新任または転任したての場合は特に、職員のなかに溶けこむのにかなり苦労したことと思う。

また、自治体ごとに開かれるスクールカウンセラー連絡会は、同じ地域で働く同業者同士が顔あわせをして、その地域の教育相談機能や医療的福祉的な資源を知る機会なのだが、年度初めのものは中止となり、この秋にようやく開かれるところが多い。特に新任や転任したてのスクールカウンセラーは、地域のことがよく分からないままに何か月も勤務しなければならなかったのではないだろうか。

3 処遇や雇用への不安

2月末に全国の学校の一斉休校の話が報じられたとき、私はどうしても、〝休校中に職員は出勤するのかしないのか？〟ということと、〝もし出勤できないことになった場合、スクールカウンセラーのような時給で働いている非常勤職員の給与は保障されるのか？〟ということが気になってしまった。とりあえず3月は予定通り勤務した。

臨時休業の期間が延長されることになり、世の中全体がテレワークを推奨するムードになった。学校に出勤すると、職員室には全職員の3分の1程度の人数しかいない景色が日常になった。

私は2つの自治体からスクールカウンセラーとして雇用されている。A自治体では、4月10日（金）に、スクールカウンセラーなどの会計年度任用職員にも在宅勤務を認める、という通達が正式に出された。よって13日（月）からの週は、出勤する必要のない日は在宅勤務をした。在宅勤務の際にどんな作業に取り組みどんな報告書を出すかについても、ガイドラインが配布された。臨時休業中、児童生徒を登校させての面談は行わなかったが、必要とする保護者との面談は行った。マスク着用、換気、座席の距離をとって向かいあわないようにするなどの工夫をしていた。以前から継続して面談してきた保護者とは、学校の電話で話すこともあった。

一方B自治体からは、スクールカウンセラーの在宅勤務について、正式な通知がなかなか届かなかった。後になってわかったことだが、実は4月14日づけで、学校宛てに、「臨時休業中のスクールカウンセラーの業務について」と「臨時休業中におけるスクールカウンセラーの勤務について」という文書が出ていたが、私の手元に届いたのは5月の連休明けであった。後者の文書には、スクールカウンセラーは必要に応じて、①出勤、②在宅勤務、③勤務振替の3つの勤務方法のなかからいずれかを選ぶことができると書かれていた。しかしながらこのことが連休明けまで知らされなかったので、多くのスクールカウンセラーは、通勤の電車のなかでの感染リスクを不安に思いながら出勤するしかなかったのだ。B自治体の他の地域のスクールカウンセラーのなかには、連休前にこれらの文書の内容を知っている人もいたし、一方、まったく知らされないままだった人もいたので、同じ自治体のなかでも、情報の周知の度合いにとても差があったわけだ。

また4月頃には、臨時休業が明けた後は、夏季休業や冬季休業が短縮されるであろうという見方が広まっていたため、児童生徒がいない、教員も半分から3分の1ほどしか出勤していない学校に勤務するよりも、臨時休業中に予定していた勤務日をなしにして、その分を夏季・冬季休業中にふり替えようと考えたスクールカウンセラーも少なくなかった。ところが、臨時休業が明けた6月早々に、B自治体では、コロナ禍の対応のために、1校あたりスクールカウンセラーの年間勤務時間を28時間（4日）追加措置すると通知された。勤務時間が増えるのはいいことだと思われるかもしれないが、多くのスクールカウンセラーは困惑した。スクールカウンセラーは非常勤職のため、ほとんどが他の自治体のスクールカウンセラーや、医療機関・相談機関での勤務とかけもちして生計を立てている。臨時休業中（緊急事態宣言発令下）の勤務日を減らして、休業が明けてからふり替えようとしていた分、ただでさえ今年度の後半は勤務予定がぎっしり詰まっていた。そこにいきなりの4日追加の知らせである。追加された4日をどこにねじこむか、多くのスクールカウンセラーが頭を悩ませた。追加されると分かっていたらふり替えなければよかったと、私自身も後悔した。

4　相談の枠組みの維持と勤務環境

スクールカウンセラーが行うカウンセリング業務については、枠組みや構造をしっかり守ることが大切だといわれている。困りごとや悩みごと、浅い関係の人には話さないようなことをカウンセラーには話すので、相談者はともするとカウンセラーに依存しやすい。信頼は安心につながり回復の役に立つが、過度の依存は問題の解決を遅らせてしまう。過度の依存を防ぐのが、相談の枠組みや構造だ。具体的にいえば、スクールカウンセラーは自分の電話番号、住所、メールアドレスなどの個人情報を、決して相談者には明かさない。「お世話になったので年賀状を出したい」というようなうれしい申し出もときどきいただくが、そんなときも「学校宛てにお願いします」と応える。こうすることで、スクールカウンセラーと相談者は、スクールカウンセラーの勤務時間中に勤務場所でのみかかわるという、枠組みが守られている。

そんななか、コロナによる在宅勤務をしているときに、学校から「ある保護者からの相談を電話で受けてほしい」と求められたスクールカウンセラーがいたようだ。学校の電話を使ってであれば、保護者や児童生徒からの相談を受けることは、通常行っている。しかし、自宅で、自宅の固定電話や個人の携帯電話で相談を行うとなれば、どちらから電話をかけるにしても、スクールカウンセラーの電話番号が相談者に知られてしまう。

このような事情に思いいたらない学校側から、無理なことを求められて、とまどったというのだ。「それはできません」と断るか、「出勤して学校の電話で行います」と応えるのが道理だが、その勤務校に今年度から新しく赴任したスクールカウンセラーなどは、先生方と信頼関係が浅いなかで、断るのにかなり気をつかったことと思う。

私のA自治体の勤務校では、相談室にエアコンがあるが、B自治体の勤務校の相談室にはエアコンがない。今年の夏は特に暑かったことに加え、夏季休業が短縮されたために、暑いさ中に何日も勤務をした。コロナのために換気が必要だったので、窓を開けて扇風機を回すとしても、相談をする部屋のドアを開け放つわけにはいかない。今年の真夏のエアコンのない相談室は、とても相談ができる場所ではなかった。

相談室へのエアコンの設置事情は、自治体によってちがっている。学校のエアコン設置率は全国的に話題になったが、徐々に設置を進めるとき、優先順位は、一般教室、特別教室（音楽室、理科室など）の順になる。1週間に1日ほどしか使われない相談室は、優先順位が低いどころか、設置の対象とならない場合もある。

私は、校長先生にお願いして、エアコンのある部屋を臨時で相談に使わせていただいて、この夏を乗りきった。しかし、そういうことを頼みづらくて、暑い相談室でがまんして相談業務を行ったスクールカウンセラーも少なくなかったようだ。

5 あらためて気づいた少人数クラスのよさ

私の勤務校は6月から学校を再開したが、初めの約1か月間は〝分散登校〟といわれて、密を避けるために1クラスを2グループに分けて、午前・午後に別々に登校させたり、一日おきに登校させたりしていた。この分散登校の時期には、昨年度不登校または休みがちで心配されていた子どもたちが、かなり登校できていた。全員が3月からほぼ3か月休んでいたようなものなので、不登校で長く休んでしまった後で久しぶりに登校するときの、「自分だけが久しぶり」という感覚が薄まったことと、半日登校または一日おきの登校のため、疲労回復の時間がたっぷりあったこと、そして、教室内に一度にいる人数が少ないことが要因だと考えられる。

これらの子どもたちは、だいたい7月から通常のフル登校となったとき、そのまま登校できて今に至る子と、再度休み始めてしまった子と、2つに分かれた。

コロナ禍の前から、大人数が苦手な子どもたちが一定の割合でいると感じていた。コロナを過度に怖れる感受性の強い子と重なる部分は多い。コロナ禍のためにいたしかたなく分散登校という形をとったことで、分散登校の形ならば不登校の子は減ることが実証されたといえるのではないだろうか？

また、小学校の新1年生の7月頃の教室を巡回したとき、例年に比べて子どもたちがとても落ち着いていると感じた。不必要な声を出さず、先生に注目する姿勢ができていて、びっくりした。新1年生の担任教諭にきくと、分散登校の効果は大きいということだった。新1年生の初めは、登校して、ランドセルの中身を机にしまって、ランドセルをロッカーに入れて席に着くという、一連の動作を身に着ける学習から始まる。このような学校生活の基本を身に着ける時期に、少人数だったために教員の目が届き、個々の手助けがしやすかったので、ほとんどの子どもたちがスムーズにこのプロセスをクリアできたのだそうだ。早く落ち着いた状態ができると、その後のあらゆることにも伝搬していく。

不登校の子どもの学校復帰といい、新1年生の学習といい、少人数クラスには利点がたくさんあることが、コロナ禍によって再確認されたと思う。

6 コロナ禍での喜びややりがい

私が心理職のなかでもスクールカウンセラーという職業に魅力を感じている理由は、二つある。一つは、カウンセリングの場からの情報だけでなく、集団のなかで過ごす子どもの日常の姿をこの目で見ることができること。そしてもう一つは、複数の教職員とのチームワークで問題解決を目指すという、仕事のスタイルである。

コロナ禍のなかで重い事例もあった。しかしどんなに重くても、私一人で背負っているのではなく、かかわる教職員複数で一緒に支えているという実感を得ることができる。そして、教職員の方々が、自身のことをさて置き、私の心身のことを心配してくれている、その気持ちを感じたとき、本当にやりがいのある良い仕事と良い職場に出会えて、私は幸せだと思った。

支援員、そして保護者としてコロナ禍で学んだこと

福岡県鞍手郡鞍手町立剣南小学校特別支援学級支援員
野中香奈子

1 コロナ禍のなかで気づいた教職員の過酷な仕事の現実

私は、小学校特別支援学級支援員をしています。勤務校では知的支援学級と情緒支援学級の二つに分かれています。3年前までは看護師でした。看護師のときには、療育センター勤務の経験もあったことから、勤務校では知的支援学級の担当をしています。支援が必要な児童は、国語や算数などは、支援の程度にあわせて支援学級で学習したり、音楽や体育、図工など実技科目も支援の程度にあわせて交流学級で学んだりします。

支援員は、支援学級担任の指示のもと、該当児童の実態に応じて支援にあたります。

まず、支援学級では、学級担任とともに学習活動を行い、学習の理解度や日常生活の適応度、情緒の安定度などを共有します。また、交流学級では、支援員が同行して支援にあたりますので、交流学

級の担任や児童とのかかわり方や交流学級での学習の様子などを細かく観察し、支援学級担任に報告します。

さらに、個人的にはクラフトなどが得意なので、教室環境作りの支援に努め、子どもたちが四季を感じられるような壁画装飾を作成しています。

新型コロナウイルス感染症の広がりによって、メディアでは、学校に対する家庭からの不満などを多く聞くようになりました。私は、学校現場もはじめてのできごとにとまどいながら対応に努めているのに、勉強に対しては学校がすべての責任を負うような意見はおかしくないか、と憤りを感じたり、悲しく感じたりするようになりました。そして、この機会に、各家庭での子どもとのかかわり方について親自身が見つめ直す機会になればいいなと強く感じました。

通常、支援員は、支援学級で児童と過ごすか、交流学級での授業に支援児童が出席する際に引率し、児童の下校に合わせて退勤します。そのため、支援学級の担任、交流学級のそれぞれの担任、そして管理職とのかかわりくらいで、なかなか顔をあわさない教職員が多くいます。

支援員になったころには、休み時間なども先生方はあまり話を交わしたりしないんだと思っていましたが、少し経つと、休憩時間中に教材の準備をしたりしていることがわかりました。先生方は、休憩時間などにも仕事をしなければならないという過酷な現実を知りました。

コロナ禍の影響で学校休校になった期間にも、出勤する機会がありました。はじめてさまざまな先生方と言葉を交わしたり、新学期用に教室のディスプレイを一緒にしたりして、それまで知らなかった先生方の仕事の一面を知ることができました。

再開後、先生方は本当に多忙で、生徒たちが下校した後も、登校中のフォローに家庭へ連絡をしたり、家庭から連絡を受けたり、明日の授業の準備をしたり、学期や行事にあわせた準備や片づけをしたりで、私も支援員の仕事につくまでは、わが子の行動をバロメーターにして学校を観たり、自分の経験を通して学校を観たりしていたので、放課後の多岐にわたる業務など考えたこともありませんでした。

人間というものは、自分の経験したこと以外については疎く、そして自分の経験したこともほんの一部分でしかないんだなと他職種について初めて感じました。

休校期間中の出勤時には、支援児童が中学生になった際に靴紐がむすべるように、リボン結びの練習をする箱を作成したりしました。休校が明けて、それを使ってリボン結びを練習して結べるようになり、紐ぐつを履いて通学してきた支援児童を目にしたときは、うれし涙が出そうな気持ちになりました。20年強の看護師勤務時代では、感じたことのない感覚でした。職種が異なるので比較はできませんが、疲弊しやすかった看護師時代からしたら、今はとても楽しく充実を感じたりします。

皮肉なことですが、コロナ禍になって、新たな学ぶ場面、新たな見聞をえることができ、仕事の尊さを感じることができました。どのような場面でも学びに真摯にありたいと改めて誓いました。

2　子どもたちから学ぶ

支援員業務は、依頼されたこと、与えられた仕事を粛々と行う、という意識を大切にしています。

児童が学校に通ってこなかった期間には、新学期が始まったら何をやろうか、支援児童たちは元気だろうか、などと想いを馳せました。その時間はある意味、尊い時間でした。なぜなら、いつもの当たり前の日常は、支援学級や交流学級を行き来し、限られた時間のなかで支援児童の意欲や楽しさが増すようにかかわるのが精一杯です。できるだけ省みて改善……という思考をするようにはしているが、私が携わってきた看護師業務でかかわる方々とは異なり、これからの未来を生きる子どもたちを思うと、もっとこうしていたら、もっとああしていたらと感じる想いが毎日あふれていました。そんななかでコロナ禍となり、今までの当たり前ができない時間を目の当たりにしたおかげで、学校が始まり、子どもたちに会ったとき、本当に尊く、すごく元気やエネルギーをもらっていたことがわかりました。

また、私は、現在中学1年生になった娘をもつ親でもあります。急に休校の運びとなり、我が子との時間は、当たり前に思っていた学校という場のありがたさや、当たり前に会える友だちのありがたさに改めて気づけ、そこにたくさん助けられて生活していたことに改めて気づきました。

夏休みなどではない時期に、長時間をわが子と共にする時は本当に貴重で、娘とたくさん対話ができたことはありがたいものでした。そして、この休校中に心がけたのは、夏休みのような長期休暇と異なるという意識から、規則正しい生活になるようにするということでした。子どもも、休校解除がいつかもわからない状況であり、夏休みのようにするわけではなく、自然といつ再開してもよいように備えようとする意識みたいなものをもっている姿も見られました。子どもなりに切りかえの意識を考えようとしている部分もあったのです。

また、当たり前に通っていた仕事や学校に行かれないという事態に、ただ普通にできていたことの尊さを感じることができた期間でもありました。日常生活をやりこなす毎日だったのが、休校に伴い自宅時間に会話することがさらに増えました。我が子との時間や関係は、親である自分こそが最優先で充実させ、責任をもつことが大切で、学校がしてくれる・先生がしてくれる・誰かがしてくれる……といった考え方はあらためたほうがよいと思いました（大半は一生懸命な親です）。

そして、たくさんの対話から我が子の想いや思考を知ることができたのは、本当によかったと感じました。中学生活は小学生時代より、勉強も部活も友だちづきあいも忙しく、もしかしたら休校の時間がなかったらと思うと、本当に尊い時間だったように思います。

3　コロナ禍は未来を明るくする機会

緊急事態宣言中の休校に対して、メディアからは学校に対しての不安や不満の意見がたくさん出ていて、なんとなくやるせない気持ちになりました。緊急事態宣言自体がみんな初めての経験というなかで、長年教員生活をしてきたという先生もとまどい、参ったなあとなっている姿を見て、支援学級支援員になって3年目の私でも、ただごとじゃないんだなと感じながら、もし自分が元の仕事である看護師をしていたらと考えても、とまどい参っているであろうようすが目に浮かびました。

そんななかで、今回はコロナ禍の緊急事態宣言中の休校が、じつは大切で貴重な時間だったことをしみじみ思います。今、これを読んでくださっているあなたにとって、コロナ禍はただの悪ではなく、今までの自分を見直し、これからの未来を明るくよりよくするための気づきのターニングポイントであることにつながれば、またつながるように考えてもらえたら幸いに感じます。

ついつい、与えられることやしてもらえることを当たり前にして、起こった状況や些細なことに不安や不満ばかりで、自分を省みずに他人のせいにばかりしていなかったでしょうか。

今まで当たり前にできていた日常やさまざまなサービスなどが当たり前ではなく、各々の優しさや想いもあって成り立っている部分を改めて感じることができたのは、ある種の財産かもしれないとすら思えました。そして、コロナ禍が悪、コロナ禍のせいではなく、今までの自分を見直し、これからの未来を明るくよりよくするための気づきのターニングポイントにできたらと思います。

人間は、元来、生存していくための危機管理能力があるが故に危険や不安などを優先に感じやすかったりもします。だが、危険や不安が先立つために不平不満の意識につながりやすくなります。その特性を踏まえて、ネガティブなできごとや状況から、小さなポジティブを見出すことの積み重ねるを通じて、どんな状態であったとしても豊かに生きる意識を生みだせるのが人間であると信じてほしいです。

わが子や勤務校に通学してくる子どもたちの可能性を信じてこれからもかかわっていきたいと思います。なぜなら、それが自分自身を信じることにつながるからです。そんな気づきにを与えてくれた支援員という仕事にめぐりあえたことに感謝したいです。

これまでの学校教育は、どちらかというと画一化された傾向にありましたが、時代の流れとともに多様化が許容されるようになりました。いろいろな経験を重ねるごとに、多様な対応ができるようになり、多様性を容認する心をもち、学校生活を楽しめる子どもが増えると思います。そして、一人ひとりの子どもたちにとって、心から楽しめて居心地のいい学校になれたらと思います。その意味からもこの特別支援学級や特別支援学校の敷居が低くなり、保護者の学校選択の幅が広がっていくものと感じます。

ＩＣＴ支援員にできること

合同会社かんがえる代表
五十嵐晶子

１　ＩＣＴ導入・支援のアドバイザーとして

私は、２０２０年3月に「合同会社かんがえる」を起業し、現在全国の学校現場で採用されているＩＣＴ支援員（以下、支援員）を導入する際のアドバイザーとして活動をしています。起業前は、支援員のとりまとめや教員研修講師をしていたこともあり、学校へのＩＣＴ機器導入の提案段階から、設定、導入研修、ＩＣＴ支援など一連の学校ＩＣＴ化に、長く携わってきました。その経験が今の仕事にとても役立っています。

現在弊社の活動のなかでも最も力を入れているのは支援員の育成とサポートです。私がＩＣＴ支援事業に直接かかわっている自治体では、日常的に支援員の後方支援、たとえば先生からのご依頼に対する支援の可否を委員会へ問いあわせたり、即座に支援員が判断できない技術的な問題などをメーカーに問いあわせたり、私自身が動作検証をして、回答をメッセージなどで示したりしています。ワンストップで対応することで委員会やメーカーとのハブの役割をします。

1つの自治体に複数の支援員がいる場合は、支援員同士のチーム作りも強く推奨しています。これは情報共有による対応速度のアップ、支援に役立つ情報を充実させる、支援員によって支援内容が偏ることを避ける意味でも重要です。

また、全国の先生や支援員をされている方に向けたオンライン自習室「かんがえる自習室」をZoom上に展開し、さまざまなテーマで、主体的に学びたい方が集まれる場所づくりをしています。

各自治体や私学にICT導入・活用研修会、各種ワークショップなどの企画・実施などICTを楽しく効果的に活用していただくための提案をする一方で、ICT機器を供給する側である教育ICT関連企業には、現場の声や状況をよく知る立場でのICTサポート・製品開発コンサルティング、また営業支援、そして最近特にニーズの増えている、ICT支援員能力認定試験対策講座の講師としても活動しています。

2　ICT支援は信頼づくり、そして情報の共有化から

私が、ICT支援の活動を続けていくなかで、一番力を入れているのが、現場の先生方との信頼関係を築くための働きかけです。また、支援を毎年継続していくためには、管理職や先生方、教育委員会の担当者が変わっても、培ってきた信頼を保ちつづけるために、私自身が各教育現場、自治体に寄

りそい、学びつづけることを心がけています。

たとえば、担当させていただくことになった学校や自治体のお祭、地名、スポーツチームなどを知ろうという姿勢は、みなさんに好感をもっていただけます。また、最も大切なのは子どもたちへの理解です。子どもたちの多様な行動や発言を柔軟に受け入れること、距離感などに気づかいのある対応ができることは授業支援をするときの安心感につながります。いきなりICT利用を押しつけるのではなく、まずその学校をとりまく環境をよく知ることが必要でしょう。

学校で支援員が働くうえで、一番困るのは「支援に必要な情報が少ない」ことです。支援員になるには一般的なICTに関する知識があることが前提ですが、学校に入っているPC、周辺機器の種類、そしてそれらの運用ルールは、その現場ごとに異なるローカルルールも多く、そして外部には特に知らされない情報です。

しかも今はさまざまなものにアップデートがあるので、常に新しいものを支援しなくてはなりません。訪問する現場に何があるのかを事前に共有していただけないと、現地で確認する手間が必要になってしまいます。

この問題の解消には導入機器をとりまく人びとの協力が不可欠です。先生方から見れば、支援員が学校の機器を知らず、どのように使うかもわからなければ、不信感をもたれてしまいます。業者なのだから何でも知っているはずだと思われるでしょう。

先生方から支援員が信頼をいただくためには、委員会・学校・業者が風通しよく情報を適切に支援員と共有している必要があります。

また、支援員はお互いの情報の共有も進んでいないと感じることが少なくありません。支援員は直接学校の日常を感じとれる非常に貴重な存在です。しかし、そのことを支援員自体が気づいておらず、その情報収集にも情報共有にもICT活用がされず、情報が分断されているのは残念でなりません。支援員の立場になれば宝の山のような情報の海に飛びこめるのですが、ほとんどが支援員個人の裁量とスキルに依存している状況では効率も悪く、危険も伴います。

装備すべき事前情報と、現場で得られる莫大な情報の共有手段がないICT支援がいかに損失かをぜひ伝えたいと思います。そしてICTを活用した良質な情報共有は支援員のみならず、先生・子ども、そして保護者のあいだでも重要になるでしょう。

3　ICT支援員という仕事の価値や意味、そして処遇

私が支援員の管理や育成をするようになってからの自分自身の課題は、「ICT支援員は必要だ」という漠然とした言葉ではなく、具体的なサポートの内容を明確にすることです。

支援員という仕事の価値や意味を、じつは誰も明確にできていないと感じて、それを言語化したいと常日頃思っています。今の問題は、雇用される支援員のスキルや方向性のばらつきが大きすぎるために、見る人によって評価が異なり、ICT支援員事業が十分に機能していないことです。実際そういうICT支援運用が見られる事実に対して、解決策が講じられていないことも問題です。ICT支援とは実際はどうあるべきなのでしょう。

ＩＣＴ支援は、「ただやり方を教える」「代わりにやってあげる」ことではなく、「ＩＣＴを活用しやすい環境を整える」「支援する相手がやりたいことを実現するために、補助をする、アイデアを出す、助言をする」ことで、先生や子どもたち自身が生活の一部としてＩＣＴを活用できる場づくり、雰囲気作りに一役買うことが重要ではないでしょうか。

この仕事に就いたことがある人たちのなかでは、「割にあわない」「低賃金」の仕事だというイメージが広がっています。文科省から提示された支援員の配置目標、4校に1人という数値目標にばかり目が行っているせいで、足りない予算のなかで無理に人を募集することで適切な人材を選ぶこと自体がむずかしくなりがちです。こんな状況を放置していては、結果支援員の質も低下し、いつか職業としての価値を失ってしまうと心配しています。

私は、支援員に対して、この仕事は「すごい」「楽しい」、そして「かならず将来自分にもこの社会にも役に立つ」のだということを、全力で伝えています。それは、支援員という仕事に高いモチベーションをもって踏みだしてほしい、と願っているからでもありますが、事実この仕事による恩恵が感じられるからです。

現在、支援員に必要なスキルは多岐にわたります。そのなかでＩＣＴスキルよりもさらに必要なのは「人を支援する」というスキルです。これは非常に高度なスキルですが、今後個々の子どもに応じた最適な教育の充実という課題に対して、この「支援する」スキルは絶対に価値あるものになるでしょう。なぜならこれは相手を「主体的」にする技術だからです。

しかし、支援員として、このスキルを育成する予算や仕組みがないため、特殊な専門性が必要な職業という認識をされません。支援員のスキルアップと賃金のアップが鶏と卵の関係にあるからでもあります。私はここを打破して、支援員を職業として確立したいのです。

4　ＩＣＴ支援員に必要なスキルとあり方

私がご相談を受けるとき、先生や教育委員会の考えに対し、どのように提案するかは、毎回、とても慎重になります。

たとえば、ＩＣＴ活用に強いご意見をおもちの方と話をする場合、一度はまず、その方の考えをすべて聞く姿勢を心がけています。たとえば、タブレットなどの端末の使用制限が厳しすぎる、逆に開放しすぎてトラブル続出だとしても、いきなり自分の意見をいうことはなるべくしないよう努めます。何よりまずは私を信頼して、その方の思いをたくさんお話しいただきたいのです。ＩＣＴ支援は、常に支援する相手が何を必要としているかを聞きとることが第一歩だからです。

また、ＩＣＴ環境や運用は、地域性にも左右されるので、決まった提案を押しつけることはしません。地域の子どもたちや保護者によって、各学校のＩＣＴ運用は左右されるという実態は軽視できません。

今、ＧＩＧＡスクール構想が一気に進められており、どんどん新しい支援員が増えています。この急激な変化に対して、色々な自治体で、先生方だけでなく支援員本人にも、ＩＣＴ支援の仕事の詳細を共有できていないことが大きな課題であると感じています。明確な作業項目はあるようで、わかりづらいのがこの仕事です。ただでさえひどく多忙な先生方が、その学校の右も左もわからない支援員に何をお願いできるでしょうか。意思疎通のためには、短期的にはまず支援員は、先生方の仕事を増やすようなものではなく、味方であると示す必要があります。

長期的に見た場合、公立の先生には異動があります。いい活用は広め、進まないところは改善する。これをどうしたら継続できるのかを客観的に理解できれば、それを維持する支援ができるかもしれません。支援員を長期で雇用することにはこうしたメリットがあります。

通常、支援員は、みんな孤独です。個人の経験値だけで何とかしている人も多いです。支援員の経験値だけの狭い世界ですべて完結している懸念もあります。学校は我々一般人にとって一度は子どもとして通った場所ですが、そこで働くとなると未知の世界なのです。だから、支援員を送りだす側は、学校で働くための知恵を授けてほしいのです。そして1つの自治体に支援員が複数いるなら、チームで取り組むといいでしょう。大切なのは一つでも先生方と共通の言葉をもって会話するための事前準備なのです。

5　ICT支援員としてのやりがい

長年この仕事をしてきて、今やりがいを感じているのは、支援員にしかできないことがあることに気づいたからです。

本当に良いICT支援は、ただ先生や子どもに聞かれたら教えるとか、先生の代わりに授業を計画するとか、プログラムを組むとかそんな「教える」「代わりにやる」という仕事ではありません。教員免許がなくてもできることを通じて、先生の多忙さを解消する仕事です。当然基礎的なスキルとして機器の準備、ドキュメント作成などを即時できる高い知識や技能は備えてほしいです。そのために私は、支援員が日々研鑽できる環境を整えようとしています。何よりこの仕事は人の困りごとを解決するので、自分のスキルはどんどんアップします。

私は支援員を「水先案内人」だと長年訴えてきました。支援する相手が「やりたい」ことを達成するために私たちがいるのです。やるのは私たちではなく先生や子どもたち自身です。

その人の「やりたい」ことを、よく聞き、質問をなげかけたりときにはお手伝いしたりしながら、自らが日々学ぶことは楽しいです。

常に主役は我々ではありませんが、私たちの働きかけが、もしかしたら先生のひらめきややる気、安心につながったり、その先に子どもたちの驚きや発見につながったり、子どもたちの「やりたい」が生まれることにつながるとしたらどうでしょう。

私は「ありがとう」という感謝の言葉がほしいとは思ったことはありません。相談に即答できない場合にも、いっしょに困って、いっしょにできて、「やったー!」と笑いあえる瞬間が幸せで、こちらこそお礼をいいたくなります。しかし、私が知る限り、学校で先生方は多忙で、そうして寄りそう大人があまりいないと感じます。

先生のなかには「やりたいこと」があっても、私たちに聞いてくださらない方もいます。まだ先生のなかでもやりたいことをＩＣＴの「何を」「どうやって」使い実現するか、漠然としている場合は当然ですね。

ご相談いただくために、こちらから気づくことも重要です。勤務初日には、支援員には先生の様子をよく観察してほしいと思います。何かを探しにPCルームに来られたなら、「何かお探しですか？」と声をかけ、考えこんでいたら「何かお手伝いしましょうか？」と声をかけるようにうながします。「いえ、別にいいです」と不発に終わってもその声かけは必須です。逆に先生はその一言を待っていることもあります。やりたいことは明白でも、望みを叶えられる機器の存在自体をご存知でないこともあります。

こういった観察力、声かけや聞きとりのスキルは一般的なコミュニケーションでも非常に役に立ちます。

子どもたちの気づきやひらめきの瞬間にかかわることができ、先生といっしょに困ったり喜んだりできる、日常のなかで先生や子どもたちのすごいアイデアに出会える。私がもういなくても大丈夫といわれればそれが本望ですが、また何かあったときに、もっと前に進むために、相談したいなと思い出してもらえたときは最上の幸せです。

6　新型コロナウイルス感染症拡大のなかで浮き彫りになった課題

学校ＩＣＴが整うために必要なことは、最も大きな基盤になる、電力、ネットワーク、端末のスペックが十分であることでしょう。端末数やサポートする人数などの整備目標を気にして、この投資が疎かになると、すべてを台なしにします。インフラの整備が潤沢でない時点で、すべてのものに悪い影響が出ます。どんなアプリも安定した速いネットワークとスペックの高い端末があれば、正直あとは使う人に任せておけば動きだせます。

次に、コロナ禍で感じたのはより大きな強い経済格差です。ご自宅にネットワーク環境があるか、オンラインで授業を受けられる端末が子どもの人数分用意できるか、そしてオンラインでの授業を受けるための個別の部屋があるか。多くの家庭にはこの環境が足りないので、全員参加できないから、とオンラインに移行できずに悩んだ学校や自治体も多いでしょう。いかに日本がコンピューター離れしていたかを露呈したことは変革のためによかったと思いますし、ネットワークは電気や水道と同じライフラインであると確信しました。

そして、オンラインに抵抗がなくなり、これまでひどかった通勤ラッシュが緩和され、また働くことを時間で測ることにも変化が見られたように思います。災害、悪天候などによる休校でも授業の遅れを気にしないでよくなるかもしれません。しかし、教育にかんしては、より子どもたちの自主性や学びを楽しむ心、より探求したくなる意欲、それを共有するための技術が必要になったと思いました。

分断された環境で、顔も見えない、手の届かない場所にいる相手のモチベーションを上げる。信頼をえて支える。これこそ私たちに必要な支援のスキルでもあり、これからの学びに、私たちの仕事で培われるスキルは子どもたちを支える先生方に役立つものにもなるのではないかと感じました。自分には、このコロナ禍における世界の変化がもたらしたものがあります。これまでなら絶対お会いすることがなかった、遠くの県の先生方からお仕事のご依頼をいただいたり、まったく面識のなかった別の会社の支援員さんたちとのつながりが生まれたりしました。私はこれからもこのＩＣＴ支援という仕事を通して、新しい学びにつながるさまざまな方法を同じ志の仲間と考えていきたいと思います。

誰もが安心して過ごせる学校を、今こそ

神戸市教職員組合書記長
釜口清江

1　臨時休校の決定　混乱する学校

「全国の学校に休校を要請へ」

2月27日木曜日の夕刻に流れたニュースは、学校現場に大混乱を巻きおこしました。学校現場が1年の総括をおこなう時期である3月の直前、特に卒業生を送りだす準備をしていた小学6年生担任、さらに高校入試を目前に控えた中学3年生担任団の混乱は最たるものでした。

「来週から一斉休校」と報道されたものの、神戸市教育委員会（以下、市教委）から学校現場に対して情報はありません。市教委も、首相の発言の詳細や文科省の通知を待ちつつ対応を協議している模様でした。当時、神戸市の感染者はゼロ、ただ隣接する大阪では感染者が出ており、生活圏内であ

る神戸市も感染者が出ることは想定されていました。感染防止が重要であることは認識していましたが、何の準備もないまま休校に入ることは、子どもの学習する権利を奪うのみであり、保護者に対しても不安を与えることになります。教職員は限られた時間のなかで、できる限りの対応を検討していました。

翌28日、臨時の教育委員会会議が開催され、「小学校・中学校・特別支援学校・高等学校（高専含む）については、3月3日（火）～15日（日）までを休業とする」ことが決定されました。各学校では、遅くまで会議を開き、子どもたちが登校する月曜日に実施すること、翌日からの家庭学習の準備をすることとなりました。オンラインを利用した学習の準備はまったくできていないため、すべては紙の教材を使用することになります。ほとんどの学校に1台しかない印刷機を譲りあいながらプリントの準備に追われました。土日出勤も当然のように行われました。

学習の準備と並行して、日中、保護者のいない家で過ごす子どもたちの安全をいかに守るかも課題となっていました。急遽、学童保育コーナーが長期休業中と同様に午前中から実施されることが決まりました。しかし、小学3年生までに限られており、4年生以上でも日中保護者が家にいない子どもたちがいるため、授業時間帯の学校での預かりが検討されました。各学校の教室等で自習ができるよう場所を提供するものですが、教職員が見守りをする必要があります。もし、ほとんどの子どもたちが登校してしまうと感染防止にならないことや教職員の出勤抑制ができないため、こちらも感染防止に逆行すると思われました。

子どもと教職員の安全を守るため、神戸市教職員組合（以下、神戸教組）は、市教委と協議を始めました。子どもたちの感染防止を最重要とし、保護者の理解をもとめながら教職員の感染防止対策も考慮した勤務形態について協議した結果、安全に学校で過ごす場所を提供する方向にまとまりました。さらに、教職員の勤務について、子の世話を行う場合の在宅勤務（のちに職専免適用）やすべての教職員に時差通勤が可能となるフレックスタイムが導入されました。

3月11日、市教委は、感染者の増加を受けて3月25日の終業式まで臨時休業の延長を決定しました。休業中に登校日を1日（小学6年生のみ卒業式も登校）設定、中学3年生以外は給食も実施されました。さまざまな制約があるなかで卒業式も実施されましたが、異例ずくめの年度末となりました。そして、春休み期間を終え、新年度は通常通りスタートできると思っていた4月、再び混乱が起きました。

2　緊急事態宣言　教職員の苦労

4月6日、市教委は5月6日まで臨時休業するという通知を発出しました。この情報は学校に通知されるよりも先に神戸市ホームページに掲載され、教職員は保護者・地域からの問いあわせに苦慮しました。結局、学校に通知されたのは勤務時間外でした。小学校では、翌日に控えていた離任式の実施を判断するため、遅くまで対応に追われました。

この通知の時点では、入学式に代わる入学時説明会と4月17日まで3日に1回程度の分散登校および給食の実施が予定されていました。短時間であっても、子どもたちと新年度のスタートができるよう、教職員は工夫をこらして準備を進めました。感染防止対策をとりながら、子どもたちが少しでも登校できるよう市教委内でも協議されていました。

4月7日、緊急事態宣言が発令されました。翌8日には市長から教育長に対し「入学時説明会及び分散登校の見合わせに関する緊急要請」が出されました。これを受け、急遽、臨時教育委員会会議が開催され、入学時説明会および分散登校の中止、それに伴う個別面談の実施が決定されました。

4月6日の通知以降、神戸教組には、「分散登校や給食の実施が感染拡大につながるのではないか」など組合員の不安の声が多く寄せられていました。それでも、通知に従い、分散登校や希望者への給食提供の準備、入学式が実施できない新入生と保護者を少しでも温かく迎えようと入学時説明会の準備を進めていました。さまざまな中止の判断は感染拡大防止のために必要な対応ですが、度重なる変更によって、学校現場で働く教職員だけでなく、保護者や子どもたちにも混乱を招きました。

ある小学校では、6日の通知によって入学式が人数限定の入学時説明会に変更されたため、7日に新入生の家庭をまわり、変更の案内文書を配付しました。各学校では、ほとんどの保護者にメールアドレスを登録していただき、緊急連絡は一斉メールで通知する方法をとっています。しかし、新入生の保護者は未登録であり、学校のホームページに情報を掲載しても閲覧されない可能性があるため、変更が必ず伝わる方法として文書を家庭に届ける学校は少数ではありませんでした。

ところが、4月8日の市長要請により、再び入学時説明会は分割で実施すると変更されました。前日に家庭への配付を終えたばかりの教職員は、この変更を聞き落胆しました。しかし、9日の入学時説明会実施まで残された時間は限られており、すぐに会議で再検討、最終決定した内容を保護者に電話連絡しました。「どうなっているんだ」の怒りの声を受けながらの電話でした。

このような突然の中止・変更の決定にともなう学校現場の混乱を市教委に伝えるのが組合の役目になりました。

緊急事態宣言という誰もが未経験の状態は、災害時のようでした。阪神・淡路大震災を経験した神戸市です。あの災害を乗り越えてきた経験が生かせるのではないかと思いました。子どもたちと教職員の安全を守る、教育を守るという目的は、組合も市教委も同じです。そのために、今回も組合員の意見をもとに市教委と協議しました。教職員の出勤調整や在宅勤務制度の整備は、市教委の理解を得て実現していきました。ただ震災時と異なり、未知の感染症であったための混乱は多々ありました。それでも、現場の教職員が子どもの安全と教育を守るという視点をもって、創意工夫をこらした学校運営を考えていた姿を忘れてはならないと思います。

3　休業と学習保障　教職員の工夫と市教委の支援

臨時休業中に入ってしばらくすると、学習保障が大きな課題となってきました。3月の休校は、年度末であり、残された学習内容は次年度に送ることも示されたため、教職員も子どもたちや保護者も大きな不安はなかったと思われます。復習のための教材準備は時間さえあればできました。しかし、4月以降は新学年の内容であり、すべてが予習です。オンライン授業や9月入学を求める保護者や高校生の意見がネット上で飛びかいはじめました。

学校現場では、学習保障として休業期間にできること、再開後にできることを日々検討していました。ホームページに課題や情報を掲載する、課題を郵送する、保護者の協力をえて学習課題を回収・配付するなど、長期間家庭で過ごしている子どもたちの学習保障に取り組んでいました。教職員だけでなく保護者からの要望もあり、市教委は全市共通で利用できる教材等を各学校のホームページから閲覧できるよう、出勤調整のあるなかでも毎日のように情報を発信していました。その他にも、家庭への課題の郵送費を公費負担とし、料金後納の手続きを簡略化するなど、学校現場の声を聞きながら日々対応していました。

緊急事態宣言以降、学校現場の混乱は、市教委事務局内の混乱でもあったと想像できます。文科省等からの通知による各担当課で決定された内容が学校現場に膨大な量となって通知されました。学校現場は、量の多さへの対応だけでなく、各課の連携不足からか内容によって判断に迷うことも多々ありました。組合員からの相談により、神戸教組として各課と協議するなかで、学校現場が混乱しないよう求めていきました。新たな連絡事項一つひとつに対応する教職員の労力は必要でしたが、休業中にできること、再開後にできることを考える機会になりました。

外出自粛、さらに在宅勤務等による出勤調整もあったため、神戸教組はこれまで以上にホームページを活用した情報発信と意見集約、WEBアンケートを行いました。そのおかげで、必要な情報は神戸教組から知ることができたという意見をいただきました。また平常時以上に相談や不安の声を受け止めることができ、改善につなげる協議を進められました。特に、すべての教職員への在宅勤務制度適用は、子育てや介護、基礎疾患の有無に関わらず、コロナ禍で出勤することに不安をもつ教職員の声に応えたものでした。

4　学校再開　新たな課題と希望

5月21日、緊急事態宣言が解除され、6月1日からの登校が決まりました。ならし期間として分散登校を設定、給食も校種ごとに再開など、感染の不安や子どもたちの負担も考えての再開となりました。ただ、感染防止対策としての消毒作業にかかわる業務や準備については、学校の負担が予想以上にありました。再開後は熱中症対策も重なり、学習保障のため授業時数増となっている教職員の心身にストレスが加わっていきました。

市教委は授業時数確保が十分にできると判断し、校種別に夏季休業期間の設定を行いました。その結果、小学校・特別支援学校への負担は軽減され、中学校でも熱中症対策の特に必要な時期には夏季休業を迎えていました。例年より短い期間とはいえ、長い2学期に向けての気持ちの切りかえや新たな行事の計画も検討できる時間が生まれました。

しかし、2学期が始まると「教職員が疲労している」との声が届くようになります。神戸教組として、教職員に疲労が蓄積している状況を市教委に伝え続けていました。1学期末から、国の追加予算もあり、学習支援員やスクールサポートスタッフは増員となりました。ただ、それでも一人ひとりの業務量は減っていないと感じる教職員がほとんどでした。支援員やサポートスタッフは、教員や事務職員・教頭の補佐をすることはできますが、その業務内容には限りがあるため、教職員の時間外勤務は昨年同様に戻っています。ゆとりのなさは、教職員間のコミュニケーション不足につながること、その結果、ハラスメントによる安心できない職場となること、子どもたちのストレスにもつながることを私たちは辛い経験として知っています。その経験を基に、教職員間のつながりを強くし、子ども・保護者・教職員の誰もが安心して過ごせる学校づくりに改めて取り組んでいくことを4月以降発信していました。

さらに、2学期中盤以降、組合員のからの深刻な相談が増えてきました。新規採用者をはじめとする若手教職員が孤立しているという相談もありました。多忙な職場内でコミュニケーションがとれていないことや初任者研修など学校外の同僚と出会う機会も減っているため、不安や悩みを相談する場がないことが想像できました。その他の相談も原因や状況はさまざまですが、教職員や保護者にゆとりがなく、子どもたちもストレスが高くなっていることが影響していると感じる内容ばかりでした。学校に行きづらくなっている子どもも増えていました。例年とは異なり、10月時点で産休代替教職員が配置できないほど人材不足にもなっていました。

一方で、コロナ禍においてこれまで通りできない状況だからこそ、今までにない行事のあり方や業務改善のアイデアを出しあい、新たな子どもたちの学びの場、働きやすい職場を創りだしている学校がありました。

まだ続くであろうこの状況のなかで神戸教組は何ができるのか、日々現場と情報共有をしながら協議し、市教委との交渉を行っています。

5　これから　子どもたちの意見を大切に

2020年の3月から半年間の記憶は、記録を見返さなければ思い出せないことが多くありました。これは、震災後数か月間の記憶が断片的で多くの部分が抜けていることに似ています。いずれも命にかかわる緊急のできごとに直面し、無我夢中で対応していたのだと思います。

まるで災害時のようなコロナ禍において、勤務労働条件の改善のため、組合員の声を市教委に届け、形にしていくことが教職員組合の役目であると改めて認識しました。また、教職員組合のもう一つの運動の柱である教育研究活動も、感染症対策をとりながらオンラインを活用して研究会等を実施することにより、組合員の要望に応えることができました。組合員から執行部へ、今までにない感謝や労いの言葉をいただきました。

そして、改めて考えたのは「子どもたちの意見を聞いていたか」という問いです。神戸教組では、「誰もが安心して過ごせる学校づくり」を目指して提言を出しています。そのなかで「子どもの権利条約」の理念を生かした教育活動を掲げ、特に意見表明権を大切にしていこうと明記しています。しかし、今回の対応において子どもたちの意見を聞く間もなく決定していたことがあったことに気づき、今後の教育活動を考える場では、子どもたちの意見を聞きながら進めていきたいと考え、アンケートによる意見集約を始めています。

まだまだ課題はありますが、組合員から相談をされる組織・期待される組織であると実感できたことは、運動を進めていく執行部にとって大きなエネルギーになりました。組合だからできたことを記録に残し、平常時も教育委員会とともに、子ども・保護者・教職員の「誰もが安心して過ごせる学校づくり」を進めていく運動をつないでいきたいと思います。

コロナ禍が子どもたちの心に与えた影響

地域から学校を支援する市民ＡＭＣアート＆マインドセンター主宰現代アーティスト
水谷イズル

２０１９年末から世界を襲った新型コロナウイルス。その影響力は人びとの生命を脅かすとともに経済、働き方、教育、家族関係など、私たちの生活のありとあらゆるものを一変させました。学校の現場ももちろんですが、学校をとりまく地域や家庭にも大きな影響を与えています。

私は、オルタナティブ教育の立場から、私の受講生をはじめ、まわりの人たちにインタビューをしました。それとともにコロナ禍が家庭に、子どもたちに、主に精神面や家族関係にどのような影響をもたらしたのかを中心に書きたいと思います。

１　絵に現れた子どものストレス

まず、私は現代アーティストでアートを中心とした創造性教育の私塾を開いています。子どもたちへの指導のほか、大人向けのセミナーなども開いています。しかし、コロナ禍で自粛を余儀なくされ、半年間ほとんどの活動を休止せざるをえませんでした。一部オンラインの授業を試みましたが、限界があり、継続がむずかしい状況です。大人はともかく、幼児や低学年になるほど、対面式の授業が必要になってきます。幼稚園をお借りしての教室は、広い場所が確保されているので、三密をさけながら、休校措置が解かれた6月から、幼児、小学生向けの教室を再開することができました。そこで感じたのは、子どもたちがかなりのストレスを抱えていたことです。子どもの心の状態は絵に現れます。

再開して驚いたのは、はじまる前に私が説明のために用意した画用紙に、子どもたちが寄ってたかってクレパスで殴り描きを始めたことです。ひとりが始めると、我も我もと、集まってきました。普段は大人しくて、あまりイタズラなどはやらない子まで、何かにとり憑かれたかのようにこの遊びに夢中になって、画用紙は瞬く間に埋めつくされてしまいました。

何か、形を描くのではなく、感情をぶつけるように線を殴り描きしてゆく。これはアクションペインティングという描き方で、具象的なものを表現するのではなく、情動を直接、画面に表出する方法です。線の強さや、色などから、心の状態を読みとることができます。ぼくの見立てでは、子どもたちはかなりストレスが溜まっているということです。こういうときは、止めずにむしろ溜まっている感情を吐きださせてあげた方がいいと判断して、「先生の描く場所がなくなっちゃうじゃないか〜」といいながら、気のすむまでやらせておきました。やがて、みんな気がすんだのか、各々の席にもどり、通常の授業を再開することができました。

2　ふれあい不足が人格形成に与える悪影響

また、子どもたちと接していて困ったことは、子どもたちがまとわりついてきて、三密が避けられないことです。園からの要請もあり、床に2メートルごとにマーキングして、ソーシャルディスタンスを確保するようにしているのですが、実際にはなかなか守れません。子どもは本能的にスキンシップを求めますから、それを止めることは容易なことではありません。「コロナウイルスがうつるから、近寄らないで」と説明はするのですが、子どもたちも頭ではなんとなくわかっているのですが、それでも我慢ができずに隙をついて抱きついてきます。または友だち同士でじゃれあっています。

脳科学・心理学的に見ると、人間はスキンシップ、ふれあいを通して、愛情ホルモンとも呼ばれるオキシトシンという心を安定する脳内物質が分泌されます。

そのことにより、人は心の安定を保っています。特に幼児期にはふれあいが人間への信頼関係や自己受容などの人格の基礎となる部分を形成します。このふれあいを通して、脳内にオキシトシン・システムという、心の安定、愛着を司る仕組みができあがります。

これは幼少期にしか形成されないといわれています。

新型コロナの影響で、この信頼の基礎となる部分が形成されないことにより後々成長したときに精神面で不具合を生じないかと心配しています。

感染リスクの面からは、「ふれあいを避ける」ことが必要ですが、人格形成の面からは「十分なふれあいを確保する」ことが重要であり、そのジレンマに悩まされました。

人格形成の影響は10年後20年後に現れてきます。本当は専門の心理学者や精神科医による追跡調査が必要なのではないかと思っています。

子どもたちのストレスの要因の一つにこの「ふれあい不足」があるのではないかと思っています。外でのスキンシップが確保できないならば、家庭でそれを補うくらいの十二分なスキンシップを行う必要がありますが、今は感染リスクにのみ意識がいっていて、子どもの脳や心への影響が置き去りにされている気がします。

3　突然の休校要請が子どもの心に与えた影響

コロナ禍が家庭環境や家族関係に与えた影響をもう少し見てゆきましょう。

まず、2月に安倍首相（当時）により出された突然の休校要請についてですが、複数の方からあまりにも突然すぎて、子どもたちもとまどいを隠せなかったと聞きました。特に6年生で卒業を控えていた子は「明日で学校終わっちゃうの？」と納得がいかなかったようです。お母さんの話によると、翌日最後の登校から帰ると、子どもがそれまで見たこともないような表情になり放心してしまっていたそうです。何かあったの？　と聞いても、なにも答えず、ボーッとしていたので、心配になったといいます。

特に、卒業という人生の大切な節目を突然奪われ、友だちともちゃんとしたお別れを伝えることもできず、未完の感情が残ったのではないかと思います。大人の事情とは別に、子どもには子どもの世界、子どもなりの精神生活があります。子どもの心は大人が考えている以上にデリケートです。それを、コロナ禍の影響で損なわれてしまったのではないかと危惧しています。

4　不登校期間の家庭での学習と過ごし方

また、不登校の期間の家庭での過ごし方についてですが、これは家族により、さまざまな反応がありました。まず学習面ですが、先生が課題のプリントや、参照するサイトを配ってくれたので、自主的にそれをやっていたという子もいれば、やはり直接対面で指導を受けたかったという子もいました。とくに新中学生は、先生や級友とも顔をあわせずに、いきなり課題だけ出されても、モチベーションが上がらなかったといいます。勉強自体が好きだからというよりも、「みんなと一緒にやっている時間が大切だった」のだと、気がついたといいます。これはタブレットやウェブによる授業を進めていくうえでの課題になると感じました。

学ぶこと自体のモチベーションが高い子は、オンラインでも問題ないですが、所属欲求が高い子の場合は、一人での学習は効果が薄くなるのではないかと思いました。タブレットの配布も市町村でちがうようで、すでに活用しているところもあれば、まだ配布されていないところもあるようです。ネット環境のばらつきなども子どもの学習面に影響を与えそうです。

5　家庭の人口密度があがることでのストレス

親の働き方も子どもに影響を与えているようです。テレワークや在宅勤務が増え、また、祖父母がデイサービスに通えなくなり、家のなかの人口密度が増え、さらに外に出かけるわけにもいかず。家族間のストレスが高まったという家庭もありました。

特に、母親の負担が大きくなったようで、食事の準備や介護などで、パンク寸前という話を複数人から聞きました。

また、家の間取りで、家族の個室が確保されている場合は問題ないのですが、そうでない場合は、子どもの声が父親の仕事に影響してぶつかる場面もあったと言います。話を聞いていて、それまでの家族の人間関係がより強調される形で表にでてきているように感じました。

6　コロナ禍がもたらしたポジティブな側面

一方で、コロナ禍がもたらした、ポジティブな面を語ってくれた人も少なくありませんでした。子どもが自由に使える時間が増えたことで、庭でバーベキューや、母子で料理を作ったり、工作をしたり、普段はできないような、家族で一緒に過ごす時間がもてたなどの声が聞かれました。「これまで全部学校任せにしてきたことに気がついた、家庭で家族でできることがもっとあるのではないかと思った」という声もありました。

また、子どもが自由な時間ができたことで、主体的な学びの時間が増えたということも聞きました。自分の好きな本や、関心のあることを調べたり、図書館に行って、たくさんの本を借りてきて読んだり、与えられた課題をこなすのではなく、自ら学ぶ姿勢が増えたことは喜ばしいことです。学校が子どものすべてを担おうとしすぎると、子どもの時間を奪うことにもなりかねません。ある程度は子どもの主体性に任せることも大切なのではないかと思いました。

7　不登校の子どもの反応

また、不登校の子どもたちの声も聞きました。もともと学校に行っていないので、コロナの影響は少なく、これまでと何も変わらずに過ごせていたそうです。むしろ普段学校に行っている兄が家にいることで、一緒に遊ぶ時間が増え、楽しかったといいます。

また別の子どもからは、「これまで、自分だけが学校に行けてないということに負い目とストレスがあったけれども、みんなが学校にいかなくなって、そのストレスはなくなった。一人で過ごしていても、全然平気、むしろ『引きこもり力』には自信があるのでこの状況はウェルカムだ」と、自分のあり方を肯定的にとらえることができたという子もいます。

その子はテレビニュースを見ていて、子どもたちが「学校に行きたい」と泣いているのをみて、「これまで、『みんな、いやでもガンバッて学校に行っているんだから、あなたもガンバって学校に行きなさい』といわれてきたけれども、その説明は嘘だった。みんなは、学校に行きたいから行ってるんじゃん。私は行きたくないから、行かないだけ。その選択を認めて欲しい」と訴えたといいます。

たしかに、世の中全体が引きこもりを余儀なくされている現在、人によっては必ずしも、学校に行かなければならないわけでもないのかもしれません。

自分のことを振り返っても、アート作品の制作にはいると、1か月2か月平気で、人とあわずに、アトリエに引きこもることができます。むしろ集中が途切れるので制作中は人との接触はできる限り控えるようにします。〈引きこもり＝ネガティブ〉という考えも思いこみかもしれません。

いろいろなケースがあるので、一概に肯定もできませんが、「引きこもり力」というのも、考慮にいれてみる必要があるのかもしれません。

8　さまざまな選択肢

今やネット環境があり、オンライン授業や、ウェブサイトなど、学びのあり方も、さまざまな選択肢があってもいいのではないかと思います。もちろん、学校が、多様な子どもたちを受け入れる器となり、子どもたちが主体的に学びに来たいと思える学びの場になればいうことはありません。

学校からこぼれ落ちてくる子どもたちの受け皿として、また、学校ではできない補完的な役割として、オルタナティブ教育はまだまだ必要なのだと思います。

学校が地域に開かれた存在になり、地域も学校に協力し、連携して子どもたちを育んでいけるようになればと考えています。

今回のコロナ禍は、思いもよらない形で、教育のさまざまな問題を浮き彫りにしたと思います。この未曾有の災害ともいえる出来事ですが、だからこそ、これを問題を精査し未来を開き、解決に導く機会にできたらと考えています。

学校における新型コロナウイルス感染症対策について

文部科学省初等中等教育局健康教育・食育課前課長
平山直子

1 小中高校の全国一斉休業の裏で、文部科学省はどう動いたのか

令和2年12月末まで、私は文部科学省の初等中等教育局で学校保健全般と学校給食を担当しており、コロナ禍においては、学校における感染症対策を担当していました。新型コロナウイルス感染症に対する知識は厚生労働省の感染症対策チームと共有し、それを学校のそれぞれの活動に当てはめて対策を検討する、ということを行っていたのです。もともと学校はインフルエンザなどさまざまな集団感染がおこりやすい場所ですので、すでに作成してあった感染症対策の手引をベースに新型コロナウイルスの場合にはどういうことが必要なのかをまとめていました。

新型コロナウイルスの感染拡大に伴い、文部科学省内で緊張が高まっていったのは、２０２０年2月に入ってからです。週を追うごとに国内の感染者数が増えていくなかで、私たちは毎週のように、

学校に向けて注意を呼びかける通知を出していました。

そのようななかで2月21日に、北海道の小学校で初めて感染経路不明の子どもの感染者が出てしまいました。

2009年の新型インフルエンザの流行時にも、学校は感染症を経験していました。そのときに一部の地域で、一斉の臨時休業をした事例があります。この経験から給食の問題、共働きの保護者への補償の問題など、地域一斉の休校によってどんな問題が生じるのかはわかっていました。それでも、当時の状況からいって、感染者が出た学校のみを一時的に臨時休業にするだけではすまなくなるのではないのか、と思っていました。感染が広がっている特定の地域という、範囲を限定した臨時休業を、近々行わなければならないのではないかと、萩生田光一文部科学大臣に報告していました。

その一方で、安倍晋三内閣総理大臣の下では厚生労働省をはじめとする関係省庁が集まり、対策を検討し続けており、そのなかで小中高校の全国一斉の臨時休業という考え方も出てきていました。

安倍総理が、3月2日から春休みまで、全国すべての小学校、中学校、高等学校、特別支援学校について、臨時休業を行うようにと要請を出したのは、2月27日です。

全国一斉の臨時休業という方針が決まったら、後は現場の方々が困らないように、限られた時間のなかでできることを最大限事務的に詰めるのが私たちの役目です。実際には、2月28日、29日、3月1日と、わずか3日間しかないなかで、どこまでがんばれるか、というまさに時間との勝負となりました。私たちが最も悩んだのは、臨時休業をするにあたり、保護者が共働きで昼間、家に誰もいない子どもたちの居場所をどうやって確保するかということです。こういった問題に対して、私たちに何ができるのか、ボトルネックになっているものは何かなどを考え、一つひとつ解消していかなくてはなりません。担当の職員たちは、この間、ほとんど寝ないで毎日出勤してがんばっていました。もちろん、私たちだけではなく県の教育委員会、市町村の教育委員会、学校の先生方など、教育行政にかかわるすべての方々が、全国一斉臨時休業の対応で非常にご苦労され、困ったことも多かったのではないかと推察します。

2 臨時休業の継続は、想定外のことだった

当初、政府が要請した臨時休業期間は「春休みまで」ということでしたので、春休みが終わると同時に、学校を再開してほしいと私たちは考えていたのです。ところが、感染者の数があまり減らず、政府は4月7日に緊急事態宣言を発出し、その後は、各自治体の判断により、臨時休業が継続されることになりました。おそらく自治体の方々のなかにも、教育委員会の方々のなかにも、学校を再開したいと思っていた方はたくさんいらっしゃったと思うのですが、当時は社会がそれを許さなかったように思います。新型コロナウイルス感染症に対する恐怖感が、保護者や地域の方々のあいだで蔓延しているなかで、子どもが感染源になるのではないか、という不安を感じている方も多かったからです。

春休みの終了後に学校を再開することができず、そのまま臨時休業期間が続いてしまったことは、私たちにとっては想定外のできごとでした。そのため、5月まで続いた臨時休業に対して、私たちは

あまり準備をしていませんでした。臨時休業期間中に、学校が子どもにどういう対応するのかについての大まかなガイドラインしか示していなかったのです。

その結果、地域によって対応に差が出てきました。毎週のようにポスティングや家庭訪問をして子どもの様子を確認したり、家庭に電話をして安否確認をしたりしていた地域もあれば、4月7日前後に入学式や始業式などで子どもが登校したときにプリントを渡し、それ以来、家庭との連絡がとれていない地域もありました。地域によっては教科書も渡せていなかったのです。

地域による対応の差が非常に明確になったことから、4月21日に「新型コロナウイルス感染症対策のために小学校、中学校、高等学校等において臨時休業を行う場合の学習の保障等について（通知）」を出しました。私たちはこれを「学習保障通知」と呼んでおりまして、最低限の「これだけはやってください」ということをまとめ、チェックリストをつくり、都道府県教育委員会に、区市町村における取り組み状況について確認してもらうことにしました。その内容は、たとえば、家庭学習を課す際には、「学習計画表」なども参考に、計画性をもって課しているか、電話等を通じ、定期的に児童生徒の心身の健康状態の把握をしているか（おおむね2週間に1回程度）、などです。

文部科学省がここまで細かくチェックリストを作ったり、週間計画表や運動取り組みカードを整備したりすることは、通常でしたら行わないことです。しかし、何も対応がされていない地域の子どもたちをこのまま放置できないことから、ぜひやってほしいという働きかけをする必要がありました。

当然、ここまで細かくいわれなくても、子どもたちのためにさまざまな対応をされている学校があることは承知していました。ただ、これは初めての事態ですので、何をやればいいのかわからない学校、地域もあったと思うのです。私たちには情報が入ってきますので全国の事例がわかりますが、自分の地域しか見られない状態であれば、感染症対策の観点から、子どもたちと接触しないことを優先すべきだというご判断をされた地域もあったことでしょう。その判断がまちがっていたというわけではありませんが、全国の状況を見れば、学校にもできることはあるとわかりますので、それをお示ししたということです。臨時休業中に校長先生がリーダーシップを発揮し、できることは何かを考え、さまざまなことに取り組んでいた学校を取材させていただき、その取り組みをできるだけ全国的に広げたいという思いから、通知を出したのです。

3　すべての教育関係者が一つになれた

教育活動一般についていえば、地域の課題も様々ですし、それぞれ重点を置くポイントも異なると思います。それに対し、感染症対策については、社会が混乱するなかで、いかにして子どもたちを守るか、という同じ目的を共有し、すべての教育関係者が一つになれたのではないかと思います。そういうなかで、私自身は、現場の方々にどうしたら役に立てるかということを考えながら日々の仕事に取り組めましたので、非常にやりがいを感じていました。

特に印象に残っているのは、学校再開に向けて衛生管理マニュアルをつくったことです。それまではガイドラインという事務次官通知で対応していたのですが、新しい知見が次々に出てきてめまぐるしく状況が変化するなかで、学校再開後に混乱することがないよう、現場の方に役に立つマニュアルをつくりました。そして、一度作ったらそれきりではなく、だいたい一か月ごとに内容を更新していきました。

たとえば、学校再開後、学校の感染予防対策がエスカレートし、保護者からもさまざまな要望が来て、「先生方が消毒作業に忙殺されている」という話を聞いたのです。それまで私たちは「やること」のリストを書いてきたのですが、そのときに「やらなくてもいいこと」のリストを書かなくてはいけないと気づきました。「文部科学省がこういっているから、これはやらなくていいのですよ」と保護者に説明できるようなガイドラインを作ることが求められていると感じ、内容を修正したりもしました。

私はこれまでに健康教育に関するいろいろな手引きなどを作ってきましたが、残念ながら、あまり多くの方に読んでいただけないこともありました。しかし、今回は、私どもが作成した衛生管理マニュアルを参考にして、各自治体がマニュアルを作ってくださいました。教育委員会の方から「あのマニュアルはとても役に立ちました」といっていただけたことがあり、少しはお役に立てたのではないかと感じています。

4　2回目の緊急事態宣言発出にあたり、今、伝えたいこと

そして、2021年1月、東京都、神奈川県など、一部の地域に対して2回目となる緊急事態宣言が発出されました。飲食店など、さまざまな事業者に対して自粛要請が行われておりますが、学校に

ついては、できるだけ地域ごとの一斉臨時休業は行わないように、という内容の通知を1月5日付で出しています。

そう考える理由の一つ目は、昨年春の一斉臨時休業により、子どもたちが被る不利益が非常に大きいことが分かったからです。成長期にある子どもたちにとって一日は長く、とても大切です。臨時休業により友だちとの交流や、遊ぶ機会などが失われることによる損失は大きいため、これを避ける必要があると考えました。二つ目は、子どもの感染原因を考えたときに、社会生活を営んでいる保護者が感染してきて家庭内感染を起こすケースが多いと分かったからです。子どもたちだけを家庭で待機させても、疫学的にはそれほど効果がないのです。三つ目は、この一年で新型コロナウイルス感染症がどういうものなのかがだいぶ明らかになり、学校でしっかりと感染症対策を行えば、クラスターの発生をある程度防げることが分かったからです。だからこそ、感染症対策をしっかり行いながら、子どもの学びと育ちを守っていくことが大事だと考えています。

さらに、学校内で子ども一人が感染したからといって、学校全体を休校にすることは避けてほしいとお願いしています。たとえば、5日間臨時休業にして、その後に全校の児童生徒が登校したとしても、感染予防対策としての効果はありません。濃厚接触者に該当した方を2週間自宅待機にして初めて効果があるのです。

ただし、高等学校については事情が異なります。高等学校のクラスター発生割合は小学校に比べて、10倍以上高くなっています。高等学校は通学範囲が広く、教師の管理下で食事ができる給食はありませんので、生徒自身が管理する時間が非常に長くなりますし、授業においても、自分に必要な単位を取得するためにクラス編成が流動的になっています。また放課後や休日における、高校生の活動範囲の広さもクラスターの発生に影響していると思われます。それに加え、部活動が熱心な学校であればあるほど、長時間マスクをしないで接する時間が増えてしまう、ということもあります。このようなことから、高等学校については、小中学校よりも少し感染の警戒度を上げて、分散登校等も視野に入れて対応すべきではないかと考えます。

高等学校における部活動は、生徒たちにとって大事な活動ですが、大変感染リスクが高い活動でもあります。部活動を行うのであれば、生徒間の距離をしっかりとり、更衣室、活動の前後の準備や片づけの行動にも注意を払っていただきたいと思います。

たとえば、活動の準備をするときに、部員たちが近い距離で、マスクを正しくつけずにネットを張ったりしていないでしょうか。更衣室でマスクを外したまま会話をしていないでしょうか。おそらく指導者が見ているときは、密接になるときにはマスクをする、接触プレイを避けるなどの注意を払いながら活動が行われていると思います。つまり、準備や片づけなど、指導者が見ていない時間の行動が重要になります。部活動を行う際には、そのあたりの危険性を生徒たちと共有したうえで、生徒たちに自覚を持って行動していただくことが大前提となります。

また、激しい運動をするときにはマスクは着けなくてよい、ということになっていますが、接触プレイのある競技は特に注意してほしいと思います。たとえば、バスケットボール等につきましては、マスクを室内で外して接触プレイを行うことで感染リスクが高まります。屋外であっても、ラグビーのようなハードな接触プレイを伴う競技では、感染リスクが高まります。やはり感染が拡大している時期においては、感染予防策として接触プレイを極力控えていただきたいと考えています。

5　今後の課題は、情報の共有の仕方

コロナ禍で感じたのは、情報の共有の仕方を見直す必要があるということです。たとえば、学校で感染者が発生した場合、その情報を報告していただいていますが、現状では、市町村の教育委員会は国に報告するだけではなく、県にも報告しています。しかも県には専用のフォーマットがあるなど、同じ感染者の報告をするのに、何回も記入して報告しなくてはいけないのです。あるいは、何かを国に報告するときには、学校がまず市に報告し、市が県に報告し、県が国に報告する、という段階を経ることもあります。このやり方ですと、国に報告がくるまでに、何日もかかってしまいます。市、県、国のすべての階層の教育行政の関係者が、一回の報告によって現場で起こっていることを把握できるような情報伝達方法が求められます。

逆に、国から学校へ情報を伝達する方法についても見直す必要があります。文部科学省が通知等を出しても、現場の先生から「全然知りませんでした」と言われることがあります。さらに、学校は国からも、県からも、市からも事務連絡等を受け取ることになるため、それが一日に何十通にものぼることがあり、「何がなんだかよく分からない」という声も聞こえてきます。

今後、災害や事故、社会的危機が起こったときに備え、現場では今何が起こっていて、行政ではどんな支援ができるのか、といった情報の共有を効率よく行えるようにする必要があるはずです。

今年9月にはデジタル庁が創設されることになり、現在、デジタル社会に向け、さまざまな手続きを一元化する議論が行われています。学校においても、今まで紙のうえで整理されてきた情報を、どうやってデジタル技術を駆使して共有できるようにするかが今後の課題になると思われます。この部分を整備できれば、先生方が追われている校務をもっと簡素化でき、「働き方改革」にもつながるのではないかと考えます。

アフターコロナの教育を考える

熊本大学准教授
前田康裕

1　はじめに

「学校現場」という言葉がある。

その言葉からは、教師が子どもたちに授業をしている様子を思い浮かべる人が多いのではないだろうか。あるいは、子どもたちが楽しく給食を食べている様子や運動場を走りまわって遊んでいる様子を思い浮かべる人もいるかもしれない。

しかし、本書に寄せられたさまざまな現場の声を読んでみて、一括りに「学校現場」とはできない、それぞれの生々しい「現場」があるということを実感した。

何といっても、この状況を受けとめざるをえなかった子どもたちの精神的なショックは計り知れない。特にスポーツの試合や音楽の発表会など、最高のステージに向けて、何年もかけて毎日練習してきた本人たちの胸の内はいかばかりであっただろう。泣きたいほどの悔しさと悲しさを押し殺し、黙って現状を受けとめるしかないという心情を想像すると胸が痛む。

その一方で、教職員は、感染リスクをぎりぎりまで低減させなくてはならないという責務を負う。学校再開後は、長い休校によって受けた子どもたちのダメージを回復させながらも、感染防止のための細心の注意を払わなくてはならない。学校は、ただでさえ密になりやすい場所である。養護教諭の珊瑚実加氏は、学校から感染者を出してはいけない、対応にまちがいがあってはいけないと常に考えているうちに、急に不安に襲われてよく眠れない日が続いたと伝えている。また、栄養教諭の高木美納江氏は、私たち自身がコロナウイルスに感染したら学校給食がストップしてしまうという恐怖感が常にあるということを伝えている。

また、スクールカウンセラーの中野早苗氏は、生活の保障に関する切実な心情を吐露している。スクールカウンセラーやスクールソーシャルワーカーといった学校を外部から支えてくれる人材は、今や学校運営には欠かせない存在となっているにもかかわらず、服務にかんする情報の周知が自治体によって異なったり、変更があったりすれば、雇用への不安は増してしまうのである。

こうしたさまざまな「現場」からの声を知り、私自身が強烈に感じたことがある。

それは、危機は新型コロナだけではないということである。

ここ数年さらに激しくなった気候変動は、想像もつかないような自然災害となって甚大な影響をおよぼす可能性が高い。東日本大震災に匹敵するような大地震もいつかは起こるだろう。また、地球規模の資源枯渇の問題も無視できない。国と国とがエネルギーの争奪を行えば、核兵器を含めた戦争の危機も皆無とはいえない。経済格差が広がっていけば、テロの危険性も増大していくことになる。今のコロナ禍が収束したとしても、今後も我々は未知と戦い、それを乗りこえるための知恵と力をつけなくてはならないのである。

そこで、本稿では、今回のコロナ禍によって鮮明に炙りだされた課題を挙げながら、現場から得られた生々しい声をもとにして、アフターコロナの教育をどうアップデートしていくか、その在り方を考えていきたい。

2　ＩＣＴ教育のための人的体制づくり

今回のコロナ禍によって、学校のＩＣＴ環境整備の自治体による格差が激しいことが浮き彫りになった。隣の地域の学校ではオンライン授業ができるのに、どうしてうちの地域ではできないのかと腹立たしく感じた保護者も多いはずだ。

じつは、学校のＩＣＴ環境整備のための予算は国から支出されているのだが、地方自治体が自由に使える「地方交付税」であるために、その使い道はそれぞれの自治体に委ねられている。つまり今まで、ＩＣＴ環境整備ではなくちがう用途に回してきた自治体が多かったということである。

また、オンライン授業をやろうとしても、学校のネットワークには厳しい制限がかかっており、ズームもユーチューブも使えないという地域も少なくなかった。子どもの個人情報が外部に流出することを防ぎ、なおかつ、不適切なサイトに子どもがアクセスすることを防ぐための制限がかかっていたのである。
しかし政令指定都市でありながら、２０１８年度から3人に1台の情報端末を可能な限り制限を少なくして導入していた結果、約4万７０００人もの子どもたちにオンライン授業を実現した自治体があった。

熊本市である。

これは大西一史熊本市長と遠藤洋路教育長のリーダーシップによるところが大きい。

本書に寄せられた遠藤洋路教育長の原稿によれば、最初から3か月の休校期間を想定し、安倍首相の一斉休校の要請が報道された直後から臨時教育審議会を開催して準備を進めている。こうした迅速な対応は、すでに3人に1台の情報端末の整備を行っていたからこそ実現できたと言えよう。

こうした状況を踏まえて、文部科学省はＧＩＧＡスクール構想を前倒しして情報端末の導入を加速させることになった。その意味では、ハード的な環境はこれから全国的に急ピッチで進められていくことになる。

しかし、ハードの整備だけでなく、それを学校で十分に活用していくための人的な環境や組織の体制作りも必要になる。すべての子ども用の情報端末の管理や教員研修の体制づくり、モデルカリキュラムの作成と評価など、それらのすべてを学校に委ねてしまうことには無理があり、教職員への負担が増大してしまうことにもなりかねない。

そう考えると、ＩＣＴ支援員を雇用するための予算の獲得は必須の条件となるだろう。また、教育センターや大学などと連携し、教員研修やカリキュラムの作成などを協働して実施していく体制も求められる。

さらには、そうした人的環境の質の向上も重要になるだろう。単にハードやソフトの知識に長けているだけでは、学校の支援はできないからである。

ICT支援員の五十嵐晶子氏は、ICTスキルよりも人を支援するスキルの方が必要であると述べており、相手を主体的にするスキルの重要性を次のように指摘している。


ICT支援は、「ただやり方を教える」「代わりにやってあげる」ことではなく、「ICTを活用しやすい環境を整える」「支援する相手がやりたいことを実現するために、補助をする、アイデアを出す、助言をする」ことで、先生や子どもたち自身が生活の一部としてICTを活用できる場づくり、雰囲気作りに一役買うことが重要ではないでしょうか。


1人1台の情報端末が整備されるということは、教科書やノートを使って行ってきた授業とはちがった授業が展開できることを意味している。

一気に整備される膨大なハードウェアがしっかりと機能するように、人的な支援を含めた体制が求められているのである。

3　学習観のアップデート

全国的な臨時休校によって、急速にオンライン授業の必要感が高まった。しかし、そのことによって日本の学校教育が抱えてきた次の課題が顕在化したといえるのではないだろうか。

それは、教師がいなかったりワークシート等の課題がなかったりすると、学習ができない子どもたちが多いという事実である。

長い休校期間中、何をすればよいのか分からず、途方に暮れた子どもも保護者も少なくない。日本の子どもたちにとっては、教科書とノートを使って教師が「教えてくれる」ものが「学習」という意識が強いために、自分で学習課題を設定して自分で解決するといった学習スキルが身についていないのである。

スクールカウンセラーの中野早苗氏は次のように述べて、自宅で自己管理し自分で学習できる子どもとそうではない子どもの格差が拡大してしまったことを危惧している。

　コロナは、自宅で自己管理の下で学習ができる子と、できない子との格差を、確実に拡大してしまった。頼りにしていた塾に行けなくなって、学習がストップしてしまったと感じている子は多いだろう。一方、自分で学習できるしっかりした子は、自分に厳しいが故に、臨時休校期間にもっとがんばれたのではないかと、自分を責めているかもしれない。受験生はみなそれぞれに、不満と不安を抱えていることと思う。そのために無気力になったり、がんばらなければいけないとわかっているのに動けないという葛藤を抱えたりしているだろう。

この指摘は重要である。教師から教えてもらわなくては学習できない子どもにとっては、休校期間は何をやっていいのか分からなかった。しかし、自分で学習できたとしても、その方法に自信がもてなければ不満や不安をもつようになる。これは、今までの授業が、「教師が教えるタイプ」のものであり、「子どもが自ら学ぶタイプ」のものになっていなかったことに起因するのではないか。

しかも、家庭にはスマートフォンやタブレット端末、コンピュータなどのＩＣＴ機器があるにもかかわらず、それらの多くはゲームマシンやメッセージ交換マシンとなっている。

ＯＥＣＤは２０１８年に生徒の学習到達度調査（ＰＩＳＡ）を実施し、「生徒の学校・学校外におけるＩＣＴ利用」の実態を明らかにしている。それによると、生徒が１週間のうちに、教室の授業で情報機器を利用する割合が日本は、ＯＥＣＤ加盟国最下位となっている。また、学校以外の場所で学校の勉強のためにインターネット上のサイトを利用する割合も、加盟国中最下位である。情報機器を使って宿題をする割合も同様に最下位だ。

一方、１人用ゲームで遊ぶ割合は、加盟国中でトップとなっている。また、ネット上でチャットをする割合も加盟国中でトップである。

これは、日本の子どもたちが学校でも家庭でも情報端末といったＩＣＴ機器を使った学習経験が圧倒的に少なく、学習の道具になっていないことを意味する。

こうした背景には、教師の側にＩＣＴを使った教育に対する一定の抵抗があったのではないだろうか。たとえば、「ＩＣＴは学習の道具に過ぎないので、道具に振りまわされてはならない」「スマホや携帯電話は学習のじゃまになるので、もち込ませないようにしよう」といった意見も数多く聞いてきた。

今や新しい社会に対応した学び方が求められており、それに応じた学習観にアップデートしなければならない時代なのである。

小学校校長の住田昌治氏は、なかなか変えられなかった教師主導の教えこみ授業から子ども中心の主体的な学びに変えるチャンスのときでもあると主張し、自校の教職員に対して、教師はティーチングからコーチングへとマインドセットを変えることを伝えている。

小学校教諭である西尾環氏は、６年生の当時のオンライン学習計画を次のように立てている。

１　ドリルパークで基礎・基本の補充学習と復習をする。（国語・算数・理科・社会）

２　未修事項を学び、未完成作品を完成させ、ロイロノートで提出する。（社会、図工）

３　総合の活用として探究型の課題を追究させる――Zoomでの発表を目標に。（総合）

これは、まさに「教師が子どもに教える」という学習スタイルではなく、「子どもが自ら学びとる」というスタイルを示したものだと言えよう。特筆すべきは、子どもたちが自分の興味・関心があることについて十分に追究し発表できるように探究型の学習を位置づけている点である。

こうした「教師が子どもに教える」という学習観から、「子どもが自ら学びとる」という学習観へのアップデートは、学校の教職員だけではなく、保護者を含めて社会全体が共通理解しなくてはならない。なぜならば、学習は学校教育だけではなく、家庭教育や社会教育でも行うものだからである。
この学習観に関する意見として、保護者の村上聡子氏は、子どもたちの教育を学校だけに任せていたのではないかと指摘し、次のように述べている。

たしかに授業ができないことで遅れが大きくなることはその通りではありますが、そもそも学校に通っていればすべて安心というわけではないと思います。そういう意味での家庭学習がコロナ禍においては大切だと感じました。
自分も含め、子どもの教育（という言葉にみな苦手意識があると思います。わたしが教育するなんておこがましい、誰かにお願いしたいという思い）にかんして、無関心でいかに人任せだったかということにも、気づかせていただいたと思っています。

また、アートを使った創造性教育を推進する現代アーティストの水谷イズル氏は以下のように述べている。

また、子どもが自由な時間ができたことで、主体的な学びの時間が増えたということも聞きました。自分の好きな本や、関心のあることを調べたり、図書館に行って、たくさんの本を借りてきて読んだり、与えられた課題をこなすのではなく、自ら学ぶ姿勢が増えたことは喜ばしいことです。学校が子どものすべてを担おうとしすぎると、子どもの時間を奪うことにもなりかねません。ある程度は子どもの主体性に任せることも大切なのでないかと思いました。

子どもたちが自ら学習するようになるためには、学校が教育活動のすべてを担うのではなく、ある程度は子どもたちの主体性に任せることが必要である。

たとえば、恐竜に関心をもっている子どもが思いきり、その追究に時間をかけることができれば、恐竜の知識だけではなく、課題を設定して自分で調べてまとめるという学習スキルは確実に身についていく。さらには、恐竜にとどまらず動植物全般への興味関心に広がっていくかもしれない。

言語や計算といった基礎的基本的な知識は必要なことではあるが、子どもに強烈な目的意識があれば、そのための学習は楽しいものなる。

そう考えると、家庭学習も、学校から教師が一律に同じ内容のものを同じ量を出す「宿題」も見直すべきであろう。低学年から中高学年へと学年が上がるに従ってじょじょに学校からの宿題を減らしていき、中学校では宿題がなくても自律的に学習ができるように教師も保護者も取り組んでいく必要があるのではないだろうか。

今の子どもたちが大人になる頃、テクノロジーはさらに進化し、社会はさらに変化しているだろう。教師がいなければ学習できないのであれば、新しい知識や技能を獲得することはできない。

子どもたちに「学びとる力」をつけるために、学習観を大幅にアップデートする必要性に迫られているのである。

4 子どもたちの多様性への対応

長期間の休校措置によって、不登校の子どもたちがオンライン授業には出席できたという事実が明らかになった。

熊本市教育長の遠藤洋路氏は、次のように述べている。

長期休校中の取り組みは試行錯誤の連続であったが、私たちが予想しなかった成果も現れた。それまで不登校だった子どもがオンライン授業には参加できているという報告が、続々と上がってきたのである。最終的な調査結果では、昨年度の不登校生のうち、オンラインによる健康観察や課題のやり取りに参加できた人が49・0％／57・4％（小学生／中学生。以下同じ）、オンラインによる授業に参加できた人が34・4％／39・7％、学校再開後に登校できるようになった人が41・4％／31・3％であった。

この事実が示すものは大きい。不登校児は学習意欲が乏しいのではない。自分にあった条件になれば、むしろ積極性を発揮できるといえるのではないだろうか。

また、オンライン授業には教師と子どもがリアルタイムで行う同期型と動画やコンテンツを子どもが好きな時間に活用する非同期型がある。同期型のほうが一見よさそうだが、自分のペースで学べる非同期型のほうがいいという子どもも存在していた。
つまり、最適な学び方は子どもによって異なるということだ。

小学校教諭の向井祐佳氏も次のように述べる。

その一方で、興味深かったのは、普段は積極的に友だちと交流しない、むしろ会話をすることを避けている子が、チャットになると積極的になるということもあった。普段は自分から話しかけることもなく、促されても声が出ない子が、自ら「おはよう！」という（書きこむ）のである。それも誰よりも早く。この子たちにとって、ネットを使った交流は自分を表現できるツールであり、支えにもなっていくのではないだろうか。

このことは、発達障害などの特性をもった子どもにとっては、既存の学校システムは有効に働いていないことを意味する。つまり、枠から外れた子どもを異常な存在と見るのではなく、その枠そのものが現在の子どもの実態に合わなくなっていると考えるべきだろう。
現代アーティストの水谷イズル氏も、学校が一斉に休校になったことを肯定的に捉えている子どもの意見を次のように採り上げている。
また別の子どもからは、「これまで、自分だけが学校に行けてないということに負い目とストレスがあったけれども、みんなが学校にいかなくなって、そのストレスはなくなった。一人で過ごしていても、全然平気、むしろ『引きこもり力』には自信があるのでこの状況はウェルカムだ」と、自分のあり方を肯定的にとらえることができたという子もいます。

「不登校」はマイナスではなく、自らの強みである「引きこもり力」の発揮と捉えれば、これはこれでよいのではないか。そう意識を変えてみると、教師も保護者も子どもへの見方が異なるものになってくる。

これまでの「教科書とノートを使って、みんな一緒に、同じ内容を同じ方法で同じ時間帯に学校の先生に教えてもらう」という日本の学校教育のシステムは、子どもの多様性には必ずしも合致していない。

もっとも、今の学校教育のシステムそのものを否定するものではない。このシステムにあって毎日学校に楽しく通っている子どもたちが存在することも事実である。システムを変更するのではなく、子どもたちが、学習の方法を選択できる幅を広げることが求められているといえよう。

そう考えると将来的には、義務教育であってもオンラインで授業を受けられたり、友人と遊べたりする学校が登場してもよいのではないか。すぐに改善できるものではないが、今後の課題として捉えていきたい。

5 家庭の経済格差への対応

家庭による格差の問題も健在化したといえる。

2017年の厚生労働省による『厚生労働白書』によると所得の不平等さを図るジニ係数は、80年代半ばから少しずつ上昇してきており、2000年代からはほぼ横ばいの状態である。それに伴って、日本の相対的貧困率も上昇してきており、G7のなかではアメリカの次に高い数値を示している。

2019年の厚生労働省による生活意識の状況調査によると、「生活が大変苦しい」「生活がやや苦しい」と回答した世帯の86・7%が母子世帯であり、児童のいる世帯が60・4%となっていることは深刻な事態である。生活が苦しければ、教育どころか、食事さえもできないことになる。先進国でありながら、生活が苦しい家庭も増えているのである。

栄養教諭の髙木美納江氏は次のように述べる。

十分な食事が提供されていない環境で過ごしている子どもたちがいます。子どもの休校に伴い、昼食を毎日準備する家庭が増え、食品売り場からスパゲッティや小麦粉製品が消えことや、飲食店が営業をできない代わりとして販売したお弁当類の利用も増えて、昼食としての学校給食の役割が見直されることになりました。

家庭の経済格差は、そのまま教育力の格差にもつながっていく。教育力に格差が生じれば、子どもたちが獲得できる資質・能力にも格差が生じ、さらに経済の格差は広がっていくことになる。

ＩＣＴ支援員の五十嵐晶子氏も経済格差の問題を指摘し、ネットワークは電気や水道と同じライフラインであることを主張している。

次に、コロナ禍で感じたのはより大きな強い経済格差です。ご自宅にネットワーク環境があるか、オンラインで授業を受けられる端末が子どもの人数分用意できるか、そしてオンラインでの授業を受けるための個別の部屋があるか。多くの家庭にはこの環境が足りないので、全員参加できないから、とオンラインに移行できずに悩んだ学校や自治体も多いでしょう。

現在、仕事や生活においてネットワークが必須のものになったように、これからの教育においても必須のものとなる。ＧＩＧＡスクール構想によって、１人１台の情報端末が学校に整備されることになったが、熊本市が導入したようなＬＴＥ（電話回線を利用するネット）の端末であれば家庭のWi-Fi環境に関係なく家庭でも使用できる。しかし、学校のWi-Fi環境のみでの使用を前提とした情報端末は、Wi-Fi環境が整っていない家庭ではネットの利用ができない。このことは重要な課題として認識すべきであろう。

学校事務職員の柳澤靖明氏は、就学援助ではなく、無償制の実現を次のように訴えている。

現在、教育に対して保護者の私費負担は多い。そのため、経済的困窮者に向けた就学援助制度の必要性は理解できる。援助項目や援助費の拡充も必要となってくるだろう。しかし、コロナ禍においてその制度周知や申請の困難、相談対応、所得申告や書類提出などといった課題が露呈している。就学援助制度を利用するということは、自分の家計を客観的にとらえて、所得の不足などを理解し、しかるべきところへの連絡と行動が必要となる。そこまで到達して、判定開始というスタートラインに立てるのだ。そして、認定がされたとしても援助費の支給までは道のりが長く、一時的な支出は避けられない事実がある。後から戻ってくる（遅れて支給される、まとめて支給される）ことはあるが、一時的に数か月で数万円の出費が発生してしまう。

今回のコロナ禍によって、飲食業や旅行業、観光産業などは大打撃を受けている。非正規の社員は休職や失職を余儀なくされており、収入が激減している家庭も増えている。経済的な格差はさらに広がっていくことが予想される。

一方、義務教育は無償といいながらも、実際には、理科や図画工作の材料やワークテスト、習字セットやリコーダー、家庭科の裁縫セットといった道具の代金は保護者から徴収している。ノートや鉛筆といった文房具といったものから修学旅行の宿泊費用も含めれば、決して安い費用ではない。ましてや、家庭内のネット環境に費用をかけられる家庭がすべてだとはいえない。

教育予算は、子どもの個人の資質・能力を育てるだけではなく、社会全体の発展へつながる費用である。コロナ禍によって税収が減ることは目に見えている。だからこそ、何に予算を配当すべきか、この問題を他人事にして政治家に任せきりにするのではなく、国民全員が考えていく大きな課題として認識すべきであろう。

6 柔軟で迅速な組織運営

今回のコロナ禍のような何が正解か分からない未曾有の状況にあっては、判断がむずかしい。

特に行政にかんしては、失敗があったときに社会全体の被害が大きくなってしまうために、柔軟で迅速な対応が苦手である。また、上意下達が鉄則であり、学校も教育委員会の指示を待つことが多く、新たな取り組みを行う場合は教育委員会から許諾をえて実施することも少なくない。

そうなると、どうしても問題への対応が後回しになることが多くなってしまう。それでも、刻一刻と変化する現状を見ながら柔軟で迅速に対応しなければ、遅れることの被害のほうが大きくなってしまう。

しかし、いうは易く行うは難し。迅速で素早く対応するためには、組織のリーダーに確固たる信念が必要となる。リーダーがぶれると、組織全体がぶれてしまうからである。

京都府教育長の橋本幸三氏は、4月3日に学校再開を表明したものの、その当日から感染者が増加するという情勢を踏まえて、北部地域と南部地域の学校再開の時期をずらすという判断をしている。先の展開がまったく読めない状態での決断は大きな責任を伴うが、結果的にその判断が正しかったと評価されている。

その橋本幸三氏は、その責任の重さをふり返って次のように述べている。

その直後から、学校再開に対する抗議の電話等が殺到し、なかには「子どもを殺す気か」といったメールも寄せられた。折悪しく、発表当日から感染者が増え、感染経路不明者の割合が高まったこともあり、再開に向けた情勢は大変厳しくなってきた。後からふり返ると、結果的には不安が急速に高まる最悪のタイミングでの再開表明であり、判断を冷静に受けとめてもらえるような雰囲気ではなかったと思う。私自身にとって、精神的に最もつらい時期であった。

うまくいって当たり前、失敗すればさまざまな批判を受けることを覚悟で判断するには、大きな重圧がかかるはずである。

熊本市教育長の遠藤洋路氏は、3月からオンライン授業の準備を進めており、4月15日から小学校3年生から中学校3年生までのオンライン授業を実現させている。その決断の速さに驚くと同時に、教育行政を預かる責任者としての覚悟を感じる。

遠藤洋路氏は以下のように述べている。

学校に対しては無理に上のステップに進むことは求めず、「できることからやる。できることはなんでもやる。できないことはやらなくていい」という基本方針を貫いた。保護者などからは、こんなものが授業なのか、とか、ただのパフォーマンスだ、といった批判が教育委員会にも学校にも寄せられたが、最初から「それでいい」という方針である。問われているのは、休校中に何もしない状態と、少しでも何かする状態と、どちらがよいかということであり、普段の授業や理想的な状況と比べること自体に意味がないのである。

こうしたリーダーの信念が強ければ、教育委員会事務局も学校も安心して主体性を発揮できるようになっていく。

熊本市教育センターは、教員研修を迅速に実施してオンライン授業を加速化させると同時に、民放テレビ局とのテレビ授業を実現させている。また、学校へのオンライン研修ができるように研修室をスタジオ化させているのも驚くほど速い対応であった。

また、熊本市立小中学校の教職員は協力してオンライン授業のためのスキルアップを行っている。さらには、自分たちで教材用動画を作成して YouTube で配信する学校も出てきた。まさに、主体性の発揮である。

一方、迅速で柔軟に対応するためにはさまざまな対立が生じることもある。意思疎通のための当事者同士のコミュニケーションは欠かせないものになってくる。

小学校教頭の池乗節子氏は次のように述べている。

修学旅行も運動会も、最初から「やらない」「できない」とするのではなく、どうやればできるか、子どもを真ん中に据えて、職員間で考えあうことの大切さを改めて感じた。子どもたちと触れあえず、生きがいが薄れ元気を失いかけている方もいる。ＰＴＡと教委、学校、スタッフと考え方はなかなか同じベクトルを向かずさまざまな軋轢が生じかけた。これをていねいに説明したり、一人ひとりのお話をうかがったりする日々が続いた。「子どもを真ん中に据えて」を合言葉にしながらも、調整のむずかしさを感じた日々であった。

迅速に判断しなくてはならないからこそ対話をくり返しながら、関係者が同じベクトルを向くことが必要なのである。その意味で、対話やコミュニケーションは、組織には欠かせないものであることをあらためて感じる。

前例主義だと自分で考える必要がなくなるので、ある意味では楽だろう。しかし、さまざまな問題が起きたときには、柔軟には対応できない。

これからの教育行政や学校に求められるものは、まさにアジャイルな組織運営である。アジャイルとは、「柔軟で素早い」という意味のソフトウェア開発手法である。仕様や設計の変更に柔軟に対応し、開発チーム内でコミュニケーションをとりながら開発していくことを指す。

そのためにはリーダーの信念が必要であると同時に、それを支えるフォロワー同士のコミュニケーションが欠かせない。まさに、失敗があっても他人を責めず、自らが組織運営の一員であることを意識して、それぞれが自分の頭で考えていく力が求められる。

7　おわりに

幸いにも本書に寄せられた現場からの声は、苦しみや悩みを乗りこえて、よりよい社会にしていこうという前向きな意見が多数を占めている。この意見を集約していくと、我々が目指すべき未来が見えてくるのではないだろうか。

保護者の村上聡子氏は次のように述べる。

どんな状況下におかれたとしても、人は人とかかわらなくて生きていけないからです。自分を大切にし、人を大切にし、そのなかでしか学び成長していくことができないと思うからです。それは、私個人がこのコロナ禍において改めて気がついたことです。自分も子どもたちの希望となるような大人として、人と社会とかかわっていくことを見せていきたいと考えています。できる限りの協力をこれからしていきます。

この文章を読んだとき、OECDが提唱する「ラーニング・コンパス（学びの羅針盤）2030」を想起した。ラーニング・コンパスとは、自ら考え主体的に行動して責任をもって変革する力であるエージェンシーをもって「よりよい未来」へと進むための羅針盤を意味する。〔図〕

その変革の力とは、「新しい価値を創造する力」「対立やジレンマを克服する力」「責任ある行動を

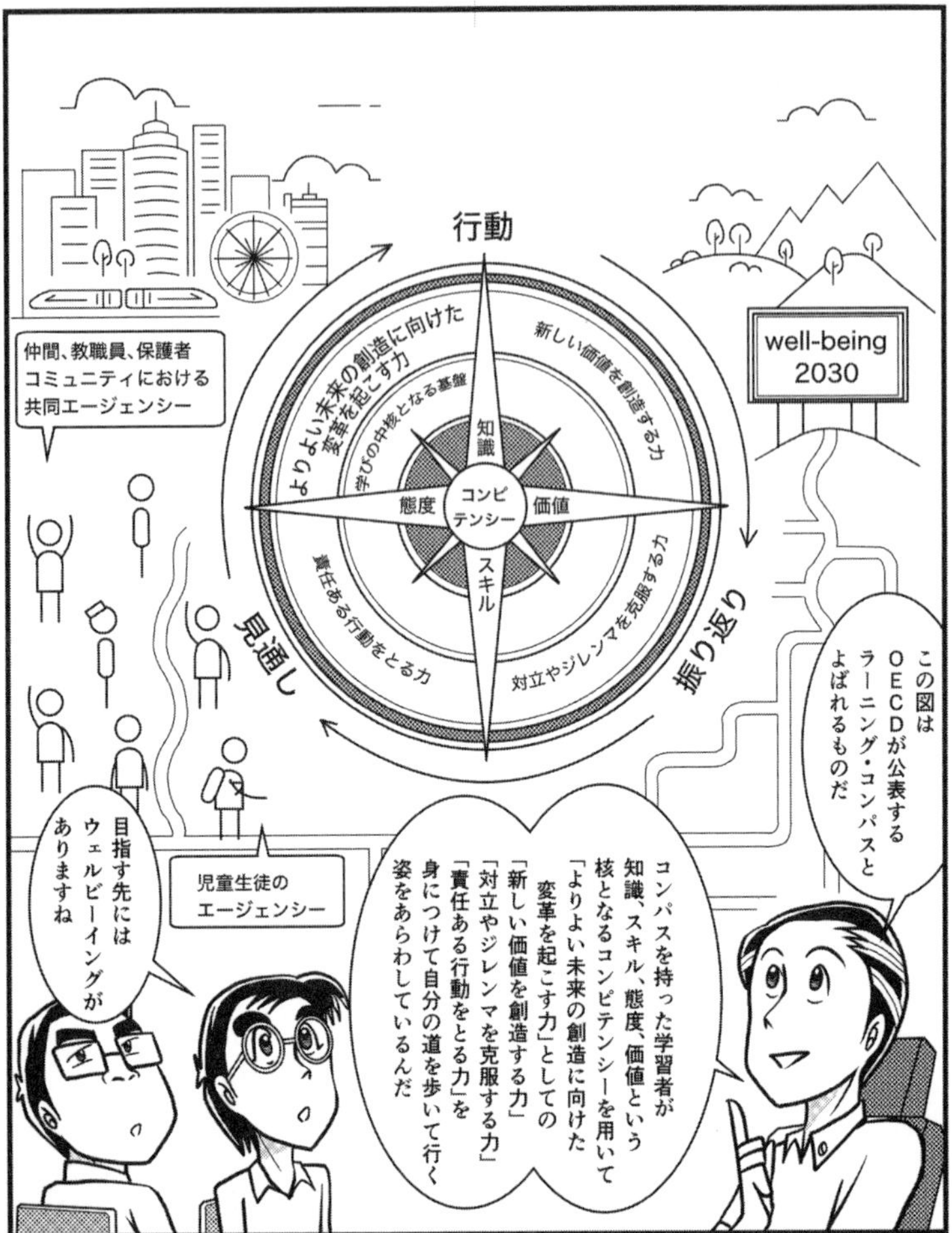

「The OECD Learning Compass 2030」より（参考：OECD Future of Education and Skills 2030プロジェクト）
https://www.oecd.org/education/2030-project/teaching-and-learning/learning/

前田康裕『まんがで知る未来への学び３』（さくら社、2020）

とる力」である。

今回のコロナ禍によって、我々は大きな被害を受けると同時に、ＩＣＴやオンラインの可能性にも気づいた。それらは、よりよい未来を創造するための新しい価値として、さらに発展させていく力をもつ。テクノロジーは、個人のためだけではなく、社会全体のウェルビーイング（よりよい状態、幸福）のためにあるのだ。

また、コロナ禍の対応にかんしては、教育行政と学校、家庭、それぞれの意見が対立することもあっただろうし、教育活動を進める一方で感染対策も行わなくてはならないというジレンマもあったはずだ。しかし、そのことによって、それぞれの立場をより深く理解したり、学校のさまざまな慣例を見直したりしたことにもなっただろう。

そして、本書に寄せられた声からも分かるように、困難な状況だからこそ、それぞれの現場でそれぞれが責任のある行動をとり、協力しながら問題を解決していくことができたはずだ。

このコロナ禍の1年をふり返ってみれば、我々はまさに社会変革のまっただなかに生きており、困難な状況を自ら積極的に解決することによってエージェンシーを獲得してきたともいえるのではないだろうか。

ラーニングコンパスでは、「ふり返り」「見通し」「行動」のサイクルが提唱されている。

未来の社会を悲観してはならない。困難を乗りこえることで、人は成長できる。コロナ禍から得た知見をしっかりと振り返り、アフターコロナのより良い社会を構想することで未来を見通し、それぞれが実際に行動することで、未来は明るくすることができるのである。

最後に、特別支援学級支援員の野中香奈子氏の次の言葉を引用したい。

今、これを読んでくださっているあなたにとって、コロナ禍はただの悪ではなく、今までの自分を見直し、これからの未来を明るくよりよくするための気づきのターニングポイントであることにつながるように考えてもらえたら幸いに感じます。

コロナ禍による学校教育の危機にどう対応するか、まさに一刻を争う生々しい「現場」の声が寄せられたことが本書のもっとも重要な価値であり、これからの教育を考えていくうえで貴重な資料となりうるものである。

NPO法人『共育の杜』の理事の一人として、寄稿してくださった方々にあらためて感謝申しあげたい。

参考文献等

厚生労働省『OECD主要国のジニ係数の推移』
https://www.mhlw.go.jp/wp/hakusyo/kousei/17/backdata/01-01-03-01.html
厚生労働省『2019年　国民生活基礎調査の概要』
https://www.mhlw.go.jp/toukei/saikin/hw/k-tyosa/k-tyosa19/index.html
OECD『OECD FUTURE OF EDUCAITON AND SKILLS 2030』

コロナ禍における教職員の過酷な勤務環境

NPO法人「共育の杜」理事長
藤川伸治

1　はじめに

NPO法人「共育の杜」は2020年7月10～26日の17日間、インターネットなどを通じて、教職員の時間外勤務や学校再開後の業務負担、疲労感や抑うつ感などのストレス反応、それらが教育活動に与える影響などの実態調査を行った。その結果、1か月あたりの時間外勤務が80時間以上、いわゆる過労死ラインを超えて働く教職員が約6割、同じく100時間を超える者は4割以上という異常な勤務環境が明らかとなった。また、強い疲労感や抑うつ感を訴える教職員は標準値の3～4倍に達し、それが子どもたちの教育指導にも影響を与えていることがわかった。新型コロナウイルス感染症の拡大が続くなかであっても、持続可能な学校教育を実現するためにも、このような過酷な勤務環境はただちに改善される必要がある。

2　学校の働き方改革は停滞

調査には、20年4月7日に新型コロナウイルス感染症緊急事態宣言が出された東京都など7都府県などに所在する国公・私立学校（小学校・中学校・高校等）に勤務する教職員1203名から回答があった。調査は、NPO法人「共育の杜」が運営する非公開フェイスブック「心の職員室」メンバーを中心として、メンバーが所属する学校の同僚、教職員組合に協力を依頼、また行政への提言活動を行っている市民グループの支援もえた。

調査に協力した公立学校の校長・教頭（副校長）・主幹教諭・教諭については、自宅への持ち帰り仕事を合わせた時間外勤務が過労死ライン週20時間を超えたのは53・9％だった。主幹教諭は57・6％、教諭は56・4％、教頭（副校長）は69・4％にものぼっていた（図1）。1～2月と比較して、平日、学校内での勤務時間は増えたかどうかを聞いたところ「増えたと思う」（「とてもそう思う」と「まあ

図1　週あたりの時間外労働時間（公立学校）

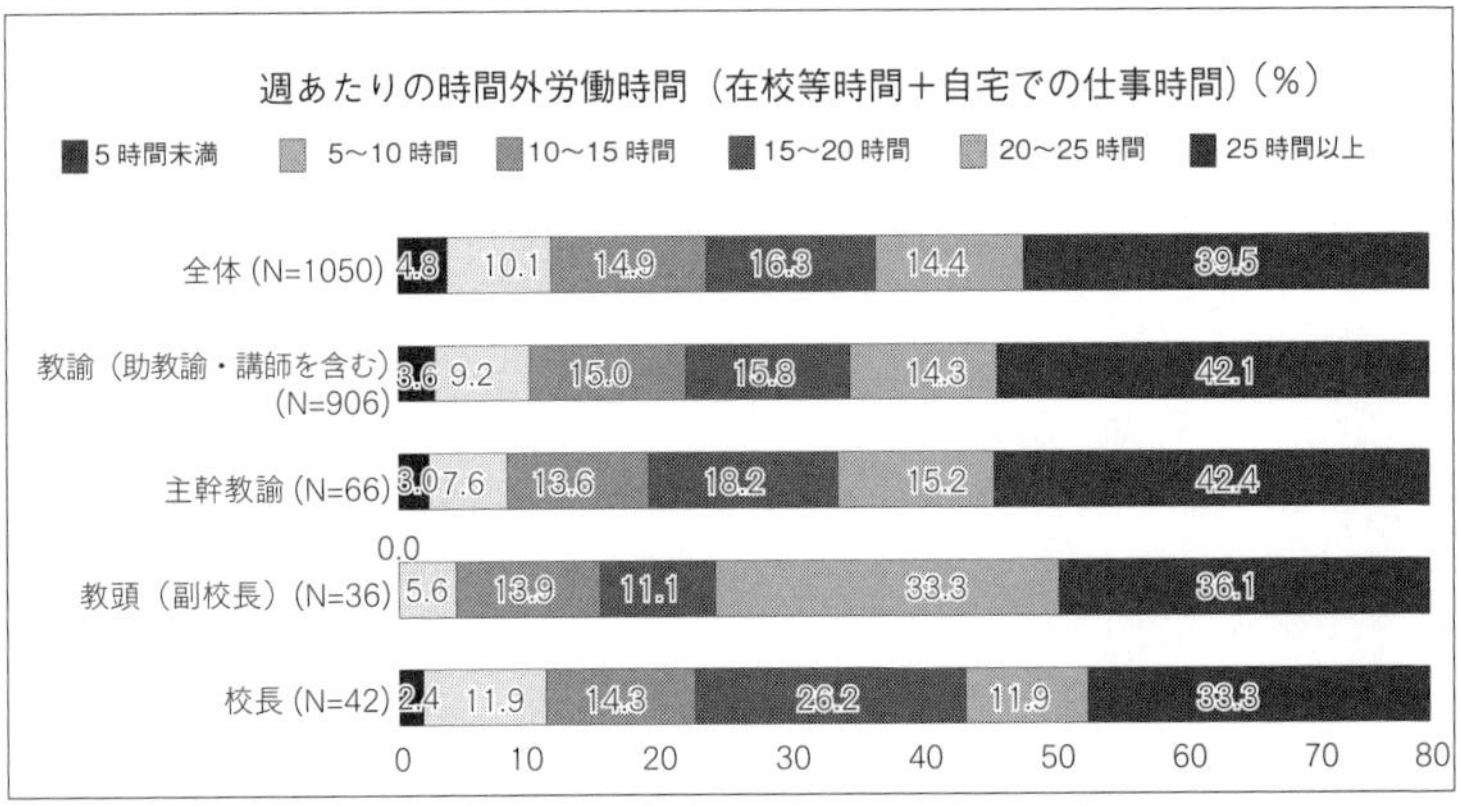

まあそう思う」の合計）と回答したのは約59・4％であった（**図2**）。

20年4月1日、教職員給与特別措置法（以下、給特法）改正により、公立学校の主幹教諭・教諭の学校内での時間外勤務時間は在校等時間と定義され、1か月の上限は月45時間を超えないものとすることが条例・規則によって定められた。しかし、上限45時間を超えた主幹教諭・教諭は61・6％であり、条例・規則が十分遵守されているとはいいがたい（**図3**）。そもそも、給特法が適用される主幹教諭・

図2　1～2月と比較し、平日、学校内での時間外勤務が増えたか

（%）

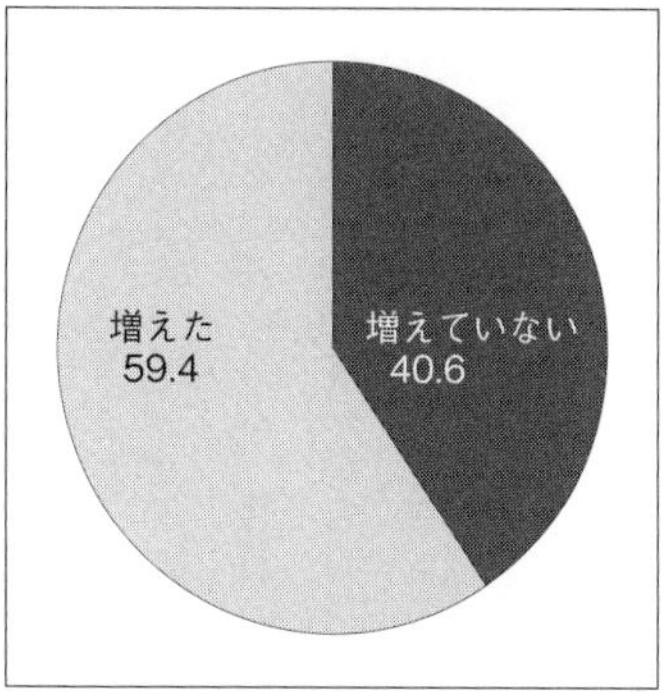

図3　1か月あたりの在校等時間の上限45時間の遵守状況

（%）

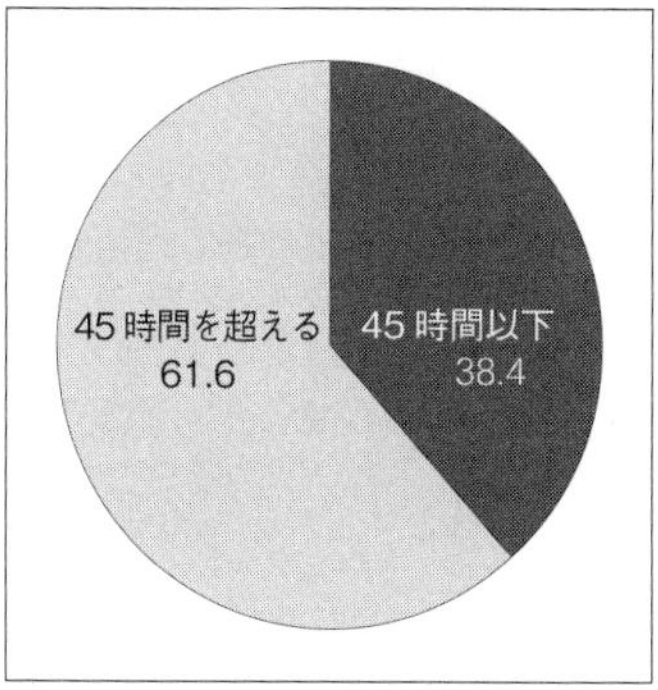

教諭には時間外勤務手当は支給されず、上限を超えて勤務させたとしても使用者には何の法的責任は生じない。よって、時間外勤務時間の上限を設けたとしても、当初からその効果に対して疑問の声もあったが、残念ながら調査時点では十分な効果は出ていなかった。

また、21年4月から可能となる1年単位の変形労働時間制を自治体が導入した場合、在校等時間の上限は月42時間とされている。この条件を満たした主幹教諭・教諭は36・3％であった。変形労働時間の条例化にあたって、各自治体は導入条件が整っているか精査する必要がある。教員の長時間労働を解消するため給特法改正、また教員が担う業務の提示がなされたが、新型コロナウイルス感染症の広がりもあり、今回の調査結果から見る限り、学校の働き方改革は停滞しているといわざるえない。

3　ストレス反応は異常値

調査では、厚労省による労働安全衛生法に基づくストレスチェック制度実施マニュアル[1]で示された設問、分析法によってストレス状態を明らかにした。**表**は、ストレスによる心身の反応が高いと回答した割合について、教職員と厚労省のマニュアルに掲載された標準値と比較したものである。疲労

表　ストレスによる心身の反応が「強い」と回答した割合について標準値と教職員を比較（倍）

疲労感		不安感		抑うつ感		食欲不振		よく眠れない	
男性	女性	男性	女性	男性	女性	男性	女性	男性	女性
3.8	3.5	4.5	4.7	3.5	3.3	4.4	2.4	1.4	2.1

感、不安感、抑うつ感を強く感じる教職員の割合は一般と比較して3～4倍、食欲不振、よく眠れないという回答割合も標準値に比較すると高くなっている。ただ、標準値は、新型コロナウイルス感染症が拡大していない時期に調査されたデータであり、現状では、標準値自体も高くなることが予想される。そこで、20年7月に実施された自治体職員（教職員を除く、約1300名）のストレスチェックのなかで今回調査と同じ質問に対して「ほとんどいつも」と回答した割合について教職員

図5　ストレスによる心身の反応について地方公務員と教職員の比較

（注）「ほとんどいつもあった」と回答した割合（%）

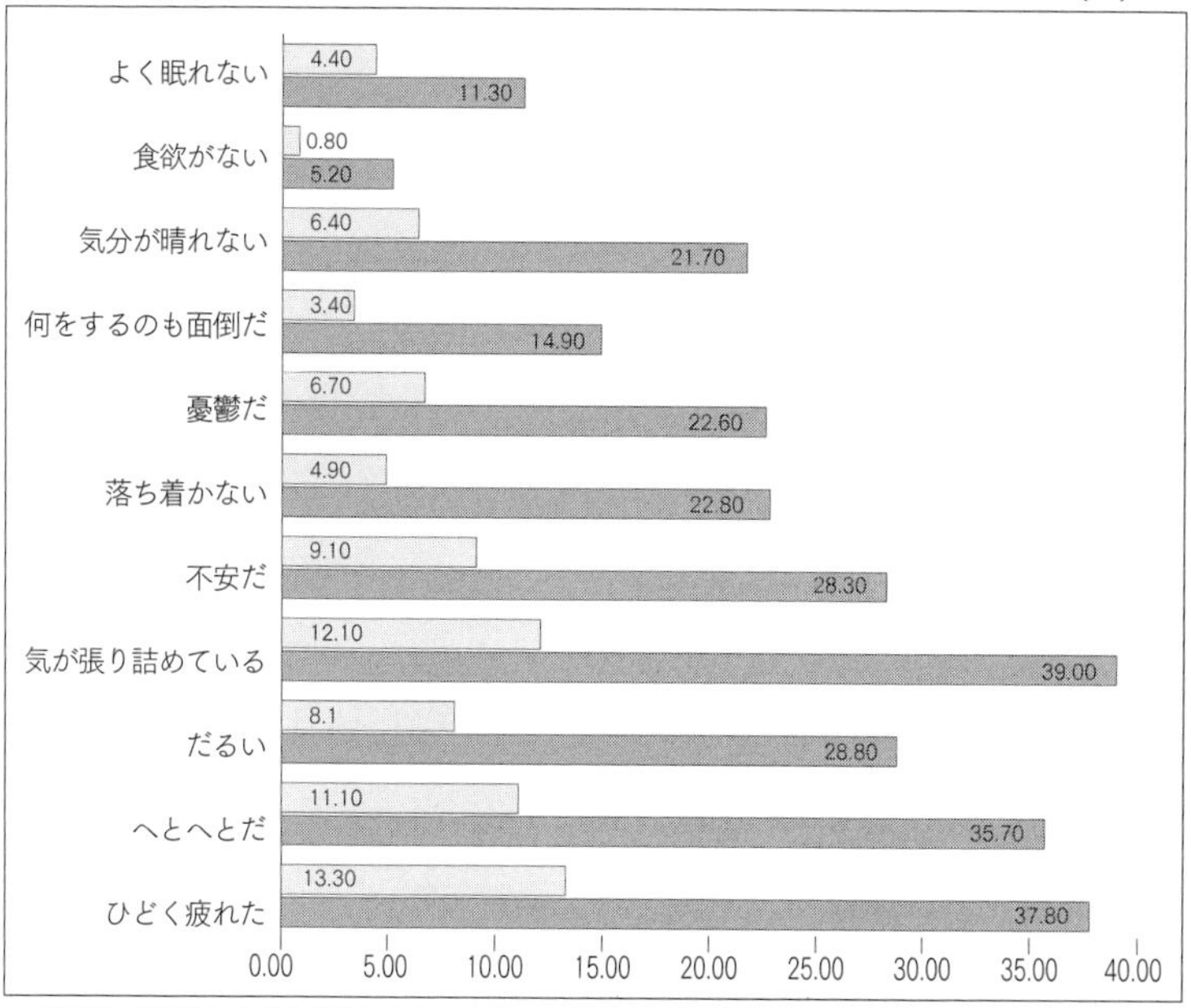

・今回調査に回答した全教職員のストレスチェックデータ（単位%）（N=1203）
・教職員を除く地方公務員を対象に新型コロナウイルス感染症拡大後に実施されたストレスチェックデータ。偏りをなくすために複数の地方団体職員から抽出（単位%）（N=1,300 程度）教職員を除く地方公務員を対象に新型コロナウイルス感染症拡大後に実施されたストレスチェックデータ。

と比較してみた（図5）。[2] たとえば、ほとんどいつも「ヘトヘトだ」、「だるい」と回答した教職員は自治体職員の3・2倍、3・6倍であった。以上のことから、多職種との比較においても教職員のストレス状況は、非常に深刻であるといえる。

長時間労働と疲労度などとの関係についても分析を行った（図6）。時間外勤務が少ない教職員は疲労度も低く、時間外勤務時間が長くなるにつれて疲労度を強く感じる割合が増えていく、特に、週あたりの時間外勤務が25時間以上、すなわち1か月の時間外勤務が100時間を超えると急激に疲労度を強く感じる教職員が増加していた。同様に、時間外勤務が長くなるにしたがって、抑うつ感、不安感、食欲不振、よく眠れないというストレス反応を強く感じる教職員の割合が増加することがわかった。

図6　時間外労働時間と疲労度との関係

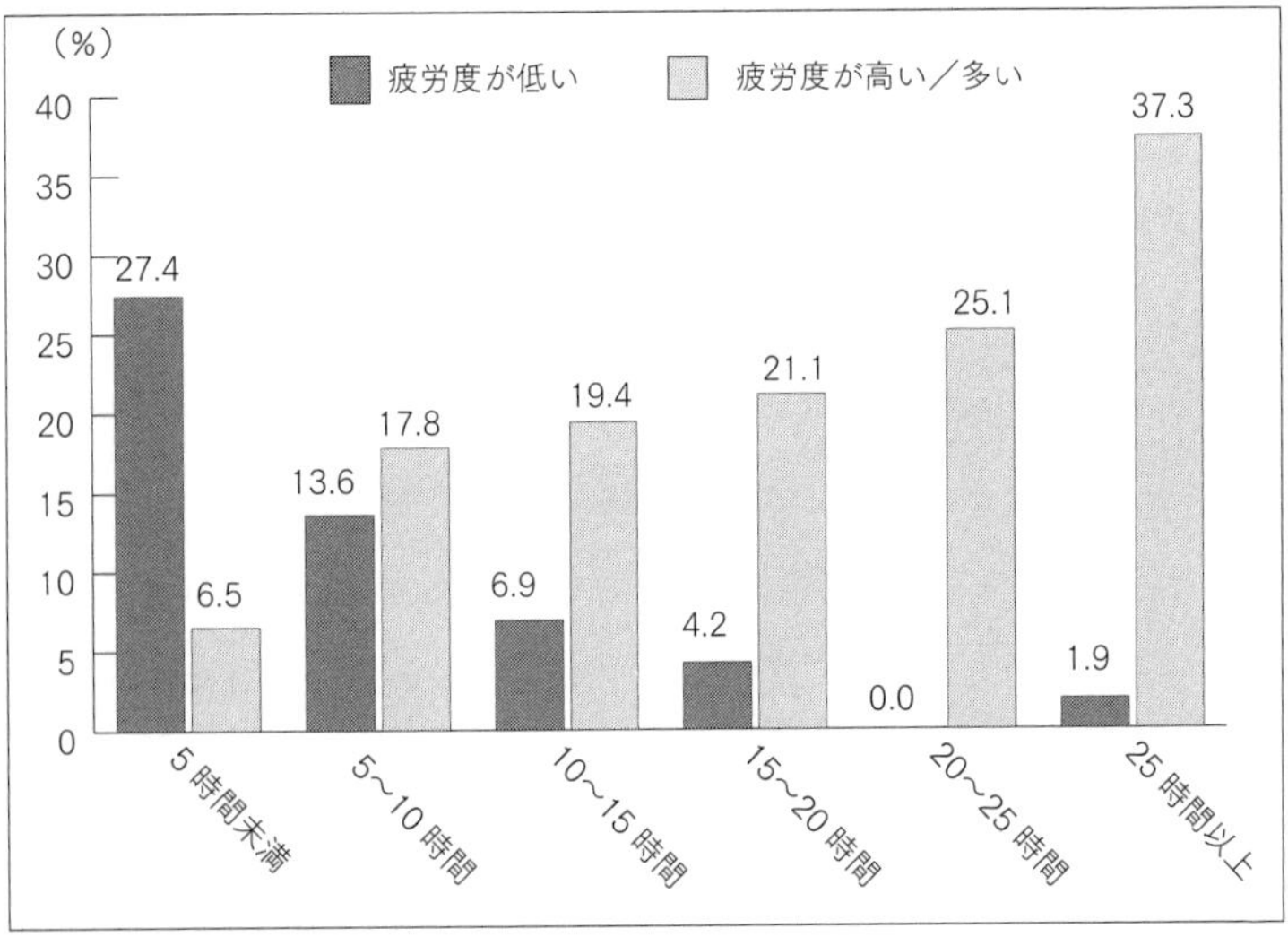

図7　疲労度が大きくなると子どもの話をしっかり聞けなくなる

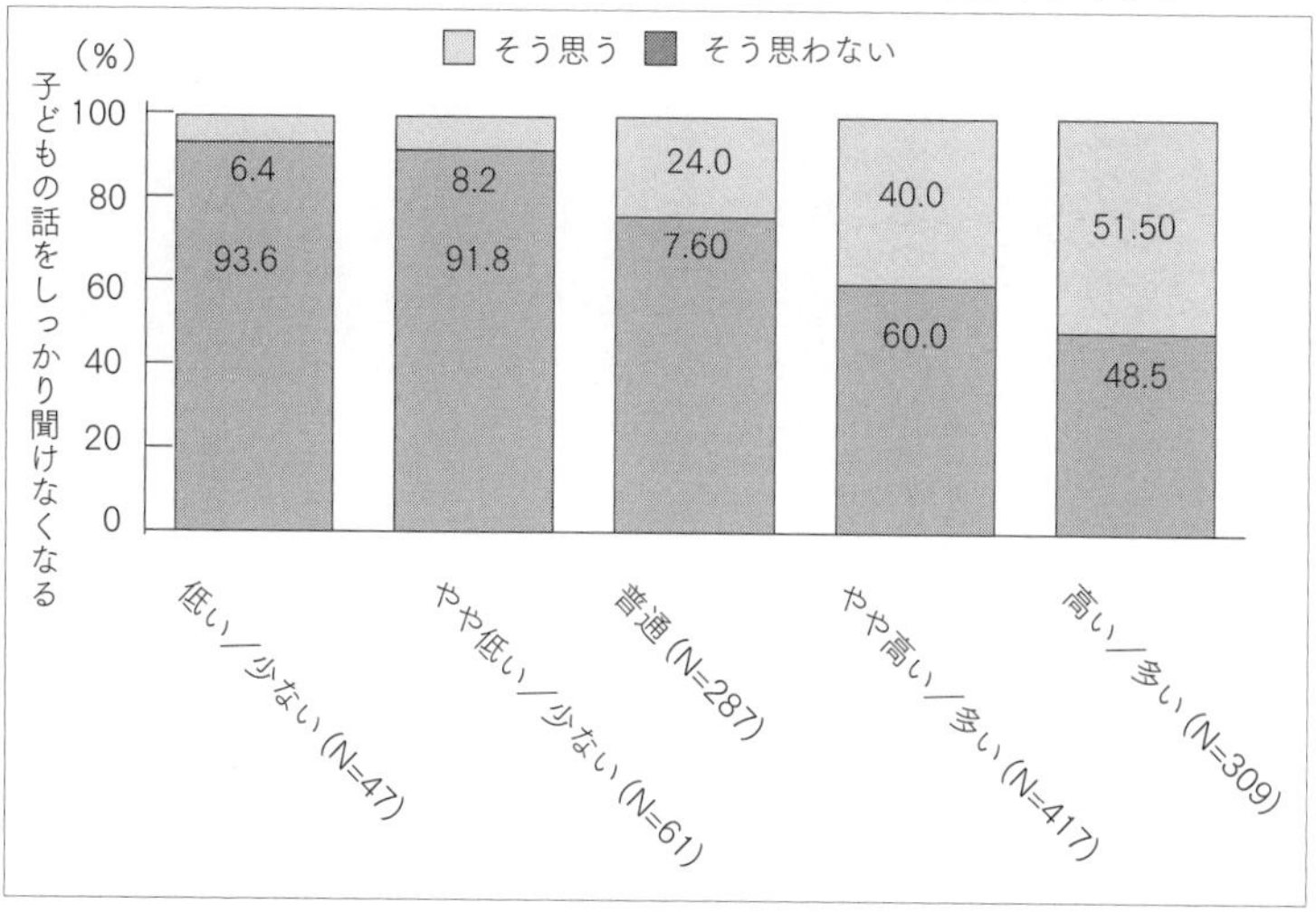

4　ストレスが教育活動へ与える影響

疲労度は、教育活動にも影響を与えていた。図7、8は教職員の疲労度と「子どもの話がしっかり聞けない」「いい加減な授業をしてしまう」という関係を示したものである。まず、疲労度が低い教職員は「子どもの話がしっかり聞けなくなる」と回答した割合は6・4％であったが、疲労度を強く感じるようになると「子どもの話をしっかり聞けなくなる」という割合が高くなっていく。疲労度が高い教職員のうち51・5％が「子どもの話をしっかり聞けなくなる」と回答している（図7）。次に、疲労度と授業との関係をみてみる。疲労度が高くなると「授業がいい加減になる」と回答する割合が高くなっている（図8）。疲労度が高い教職員の30・5％が「授業がいい加減になる」と回答している。「子どもの話をしっかり聞けなくなる」と回答した割合と比較すると6

図8　疲労度が大きくなると授業をいいかげんにしてしまう

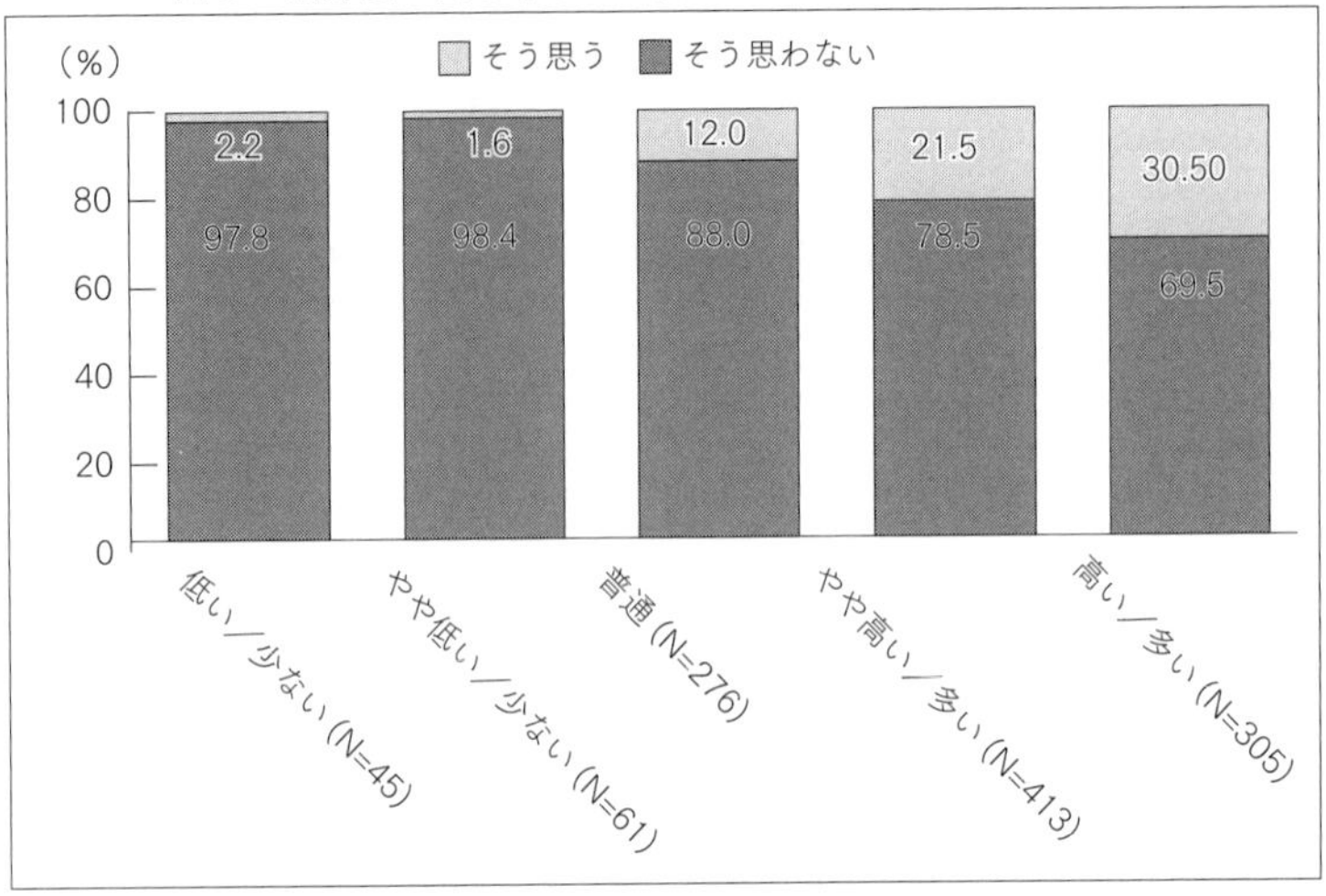

図9　「よく眠れない」と子どもの話をしっかり聞けなくなる

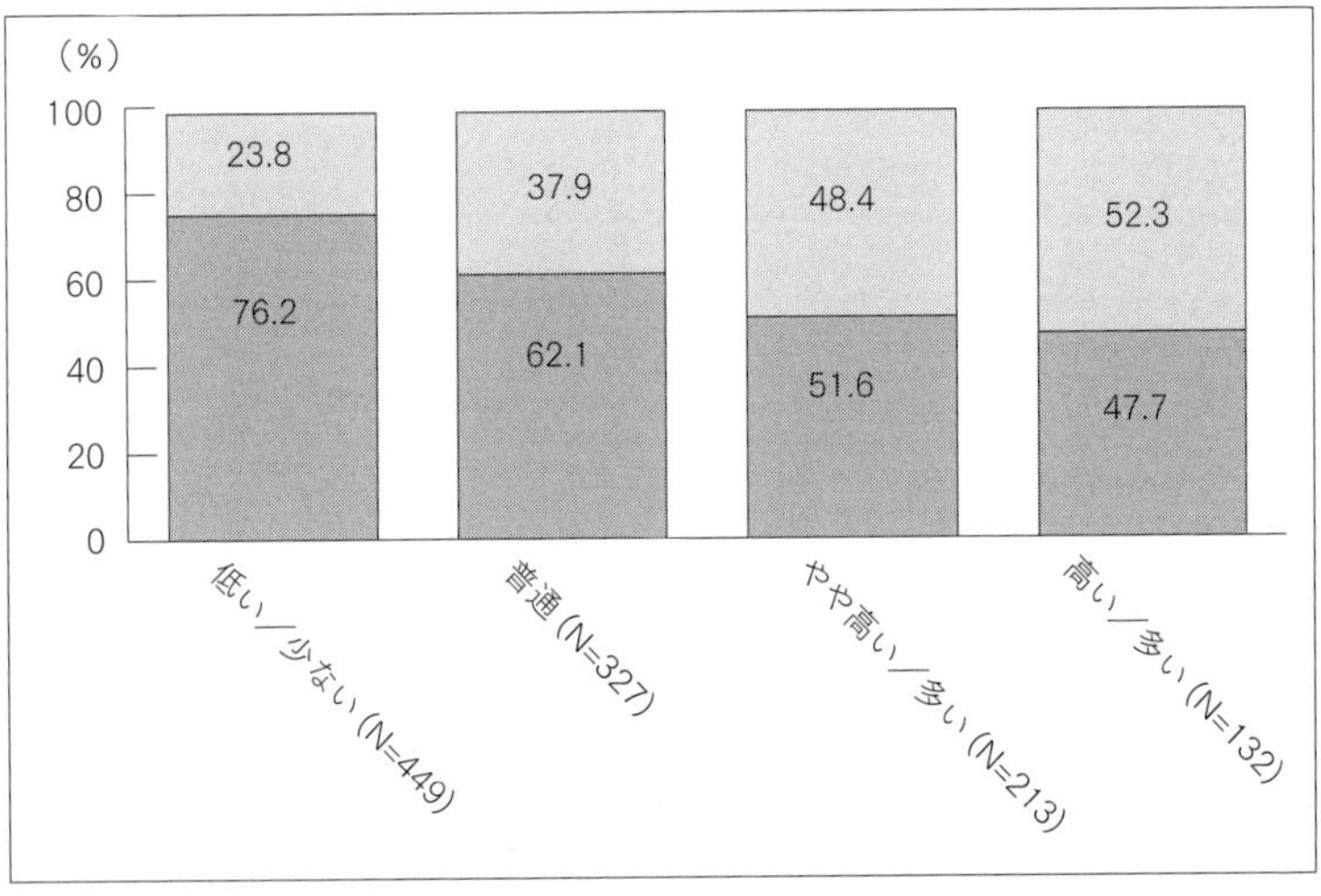

割程度低くなっている。これは、教職員が、疲労を強く感じていても、授業だけはしっかりやろうという意識の表れかもしれない。

図9は、睡眠と教育活動への影響を表したものである。「よく眠れない」と回答した教職員ほど、「子どもの話をしっかり聞けなくなる」「授業がいい加減になる」と回答する教職員の割合が高くなっている。睡眠についても、授業への影響よりも「子どもの話をしっかり聞けなくなる」ことへの影響が強く出ていることもわかった。

教職員の長時間勤務が、強いストレス反応をもたらし、その結果として教育指導にも影響をしていることが客観的なデータで示されたことの意味は重い。この間、教育界では、「子どものためにがんばって仕事をする」「授業の準備をする」ことが「よい教師」の手本のようにいわれてきた。このような認識が、長時間労働を生んできた土壌にもなってきた。さらに、山本（2018）は、教員は「本業回帰願望」が強く、業務の精選により創りだされた時間は、教材研究や児童生徒と関わる時間といった、オープンエンドな教育業務に転換され、結果的に長時間労働は変わらないという懸念を示している。[3] 今回の調査からは、長時間勤務がストレスによる心身の反応をもたらし、その結果、教育活動の質にも悪影響を与えている可能性が示唆された。

子どもたちの様子について聞いたところ、「まあまあそう思う」「とてもそう思う」と回答したのは、「今後いじめが増える」88・7%、「疲れてきている子どもが増えている」87・3%、「不安な子どもが増えている」87・3%、「学力格差が拡大する可能性が高い」86・8%と回答が8割を超えていた。フェイスブックグループ「心の職員室」で、なぜ「いじめが増える」と感じたのかを複数の教職員に聞いたところ、学習の遅れをとり戻すための詰めこみ授業、感染症対策と称して子どもたち同士のふれあいの制限、熱中症対策のため屋外で身体を動かす機会も減り、ストレスがたまるばかりであり、そのはけ口としていじめに走ってしまうのではないか、という回答があった。

詰めこみ授業ばかりでは、学ぶことへの意欲をそぎ、子どものストレスも募る。いじめを未然に防ぐためにも、各学校では、子どもたちの様子に一層気を配り、その思いをしっかり聞くことが最重要な教育課題である。そのためにも、教職員の長時間勤務を解消し、精神的なゆとりをとり戻すことが焦眉の課題であろう。教育関係者はこの調査で明らかにされた科学的なデータを踏まえ、子どもたちのためにも勤務環境の整備を図っていくことが求められる。

5 消毒作業などへの負担感

以上、述べたように新型コロナウイルス感染症の広がりは、教職員の長時間労働、そして強いストレス反応をもたらしている。それでは、教職員は、学校教育活動のなかでどのような業務に負担を感じているのであろうか。新型コロナウイルス感染症対策のうち「負担を感じているか」という質問で「まあまあそう思う」「とてもそう思う」と回答した割合が高かったのは、校内の消毒作業90・1％、ソーシャルディスタンスの指導88・5％、マスク着用の指導79・0％であった。最も負担を感じている消毒作業について、自由記述では、「クタクタになるほど感染症予防に忙殺されているのにまったく労いもなく、油断があるのではないか、気を抜くな、とプレッシャーばかりかけてくる。そんなに疑うなら、消毒清掃要員を雇用してほしい」という悲痛な訴えもあった。文科省は9月3日、やっと学校におけるコロナ感染症に関する衛生マニュアル改訂版を示し、通常の清掃活動のなかにポイントを絞って消毒の効果をとり入れること、また消毒作業は感染者が発生した場合でなければ基本的には不要という考え方を示している。また、消毒作業の地域ボランティアなどの外部委託化も行うなどの対応も広がってきた（図10）。

子どもたちへの教育的な指導について負担と感じることは、「子どもの不安に向き合う」80・9％、「学習の遅れを取り戻す」79・7％、「学力格差の解消」77・8％、「登校しない子どもへの対応」71・5％、「オンライン授業」54・9％であった（図11）。自由記述では、「授業時数を確保するため、7時間授業を行ったり、行事も精選されたり夏休みも短

図10　新型コロナウイルス感染症対策への負担

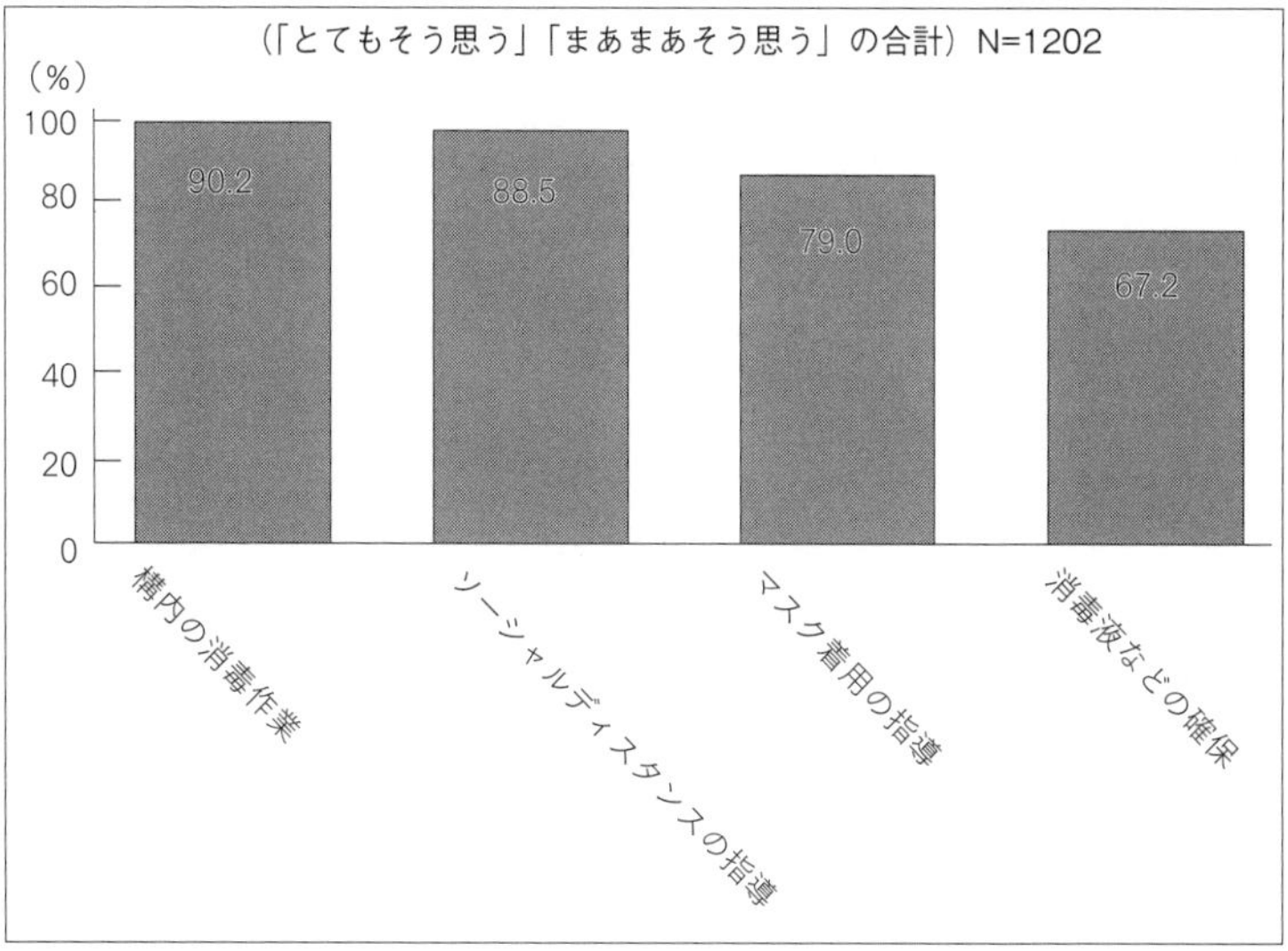

くなったりで生徒の疲れが目立ってきているが、そんななかでも文句もいわずがんばっている生徒を見ていると、ときどきとてもつらくなる」「長期の休みを経験してしまい、そこから抜け出せず不登校になったり、休みがちになったりとリズムをくずしている生徒も気になる」「コロナも怖いですが、生徒の精神面がこれから心配です。もう少し余裕のあるカリキュラムにならないだろうか」など、日々、共に学校生活を送る教職員から見た子どもたちの姿が綴られている。

6 持続可能な教育の実現のために

新型コロナウイルス感染症が社会・経済性に大きな影響を与え、学校の社会的な役割についても考え直す機会になったかという問いに対して、「まあまあそう思う」「とてもそう思う」と回答したのは83・8%にのぼった。

図11　教育指導に関わって負担と感じること

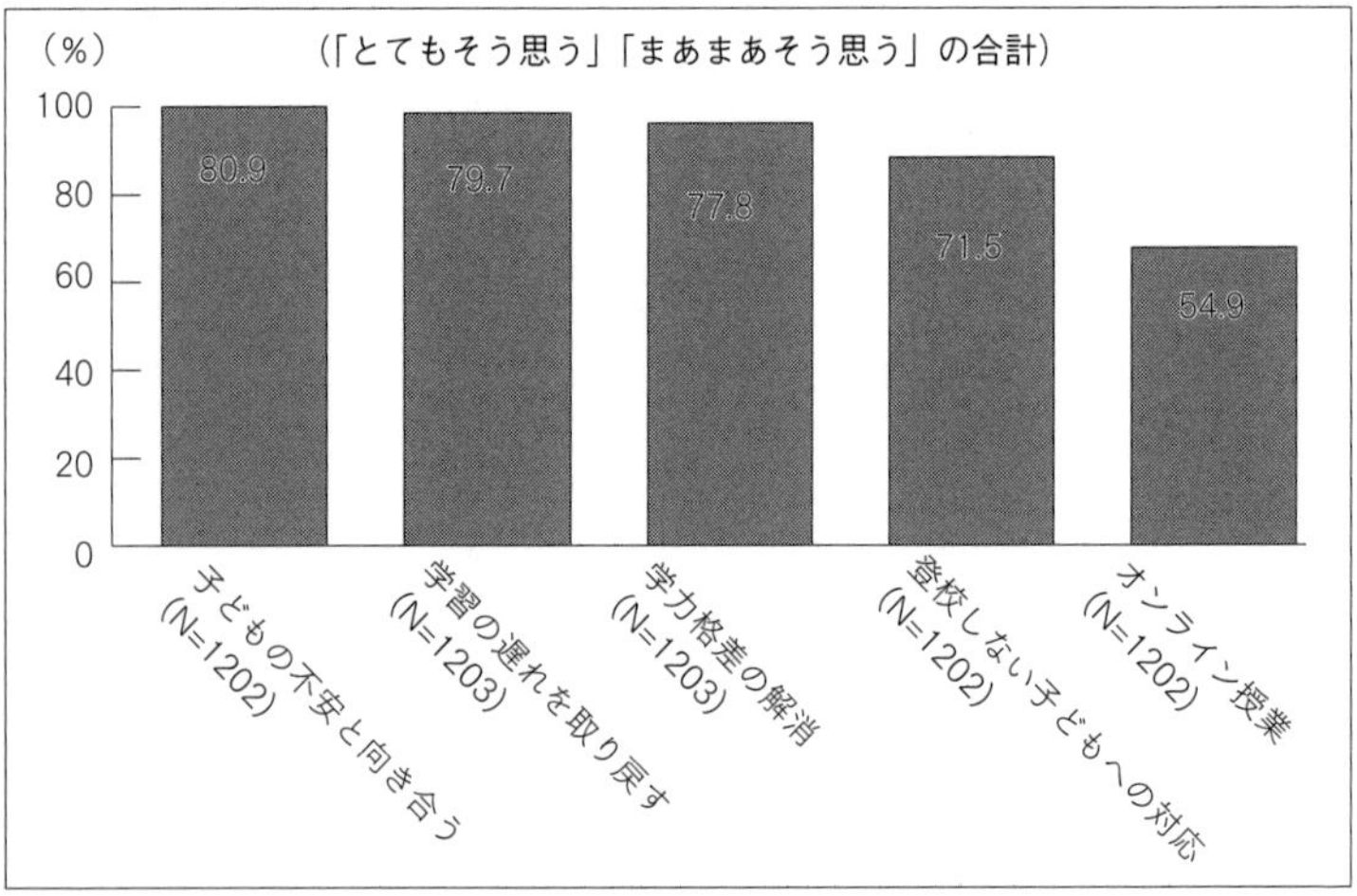

自由記述のなかでは、「やはり学校は子どもたちにとっても保護者にとってもかけがえのない場所。通学することで成長し、保護者にも労働する時間が生まれる。教職員が子どもたちの人格形成にもかかわっていると改めて感じた」などと学校の役割を再確認した教職員がいた。さらに、「社会が求めているのは、学校は教育の場であるが、食、メンタルや健康を支える福祉の場」「学校が、子どもをあずかっているからこそ企業活動ができる。セーフティーネットとしての機能ももち合わせている」という声もあり、学校が学びの保障の場だけでなく、福祉、そして社会・経済機能を支える基盤の一つであることを指摘した記述もあった。

教職員は心身とも疲弊し、長時間労働に耐え、教育活動に専念している。しかも、この間の新型コロナウイルス感染症対策等に対する文科省、教育委員会の対応は妥当だと思う、と回答したのは約3割程度であった。その理由としてつぎつぎと示される通知等にふり回されてきたともいえる。そのようなかであっても、子どもたちの心のケアと学びの保障を懸命に取り組んできている。その原動力となっているのは何だろうか。この1か月、教職という仕事を通じて、うれしかったことや喜びは何ですかという設問に、次のような記述がある。

◎　子どもたちが教室に戻ってきて、クラスのみんなと笑って話している姿をみたとき。
◎　子どもたちが一緒に遊び、学び、笑いあっていること。
◎　また学校に子どもたちが戻ってきた。それだけでうれしかった。
◎　子どもたちが授業で「そうか！」と声をあげたり、「先生できたで、見て！」「楽しい〜！」と反応してくれたりした時に力を注いできてよかったと思えた。

過酷な勤務環境で働いている教職員は、子どもたちの笑顔に励まされ、そこに教職の魅力と喜びを感じている。しかし、教職員の献身性に依拠したままであってはならない。今回の調査でも浮き彫りになった教職員の長時間労働を解消し、イキイキ、元気働ける勤務環境づくりこそが、ポストコロナ時代における持続可能な学校教育を創りだしていくスタートである。

注

1　https://www.mhlw.go.jp/bunya/roudoukijun/anzeneisei12/pdf/150507-1.pdf（２０２０年12月22日最終確認）

2　教職員を除く地方公務員のストレスデータは、新型コロナウイルス感染症が全国に拡大して以降にストレスチェックを受注する民間企業Ａ社から提供を受けた。

3　山本健也『労働の科学』大原記念労働科学研究所、２０１８年5月号：24ページ。

あとがき

本書ではコロナ禍における学校教育の現状を、学校をとりまくさまざまな立場の方たちが、暗中模索のなかから必死に取り組んできたようすを語ってもらいました。それぞれの立場でのチャレンジを本音で語ってもらうことで、未曾有のピンチをみんなで協力しあって乗りこえていくヒントを見出せるのではないか、という想いから本書は企画されました。

熊本市の遠藤教育長の言葉にある通り、今私たちは「不完全な状態で、できるだけのことをやるしかない」のです。ただし、各々がバラバラに取り組んでも疲弊するばかりで、根本の解決策にはつながりにくいですし、何と言っても非効率なことばかりです。今こそ、立場の垣根を超えてつながり、新しい学習指導要領にある通り、教育関係者が体現者となって、対話的、創造的に新たな道を見出していくときです。本書の出版がそのきっかけづくりになることを切に願っております。

2020年5月、コロナによる非常事態宣言の最中、「心の職員室」立ちあげと共に私たちNPO法人「共育の杜」の活動が始まりました。

ＮＰＯ法人「共育の杜」は、分断された社会を、学校を中心につなぎ直すことを使命に発足しました。「共育」とは、「共に育む」という意味で、従来の教え育む「教育」とはちがう立場をとります。予測困難な時代を生き抜くためには、過去からの学びを教え伝えるだけでは対応できません。さまざまな立場の人たちのアイディアをテーブルに乗せ、子どもも大人もいっしょになって対話していくことを通し、その多様性のなかから新たな価値を生みだす必要があるでしょう。このような社会のなかでの教育は「共に育む」という在り方を基盤としていくことが必要なのではないでしょうか。

「共育の杜」の「もり」は、発起人である私を今の道に導いてくれた大学の恩師、元順天堂大学名誉教授、故北森義明先生への敬意を表し、ＮＰＯ法人名に「もり」の字を頂きました。北森先生は、晩年は学校の先生への研修事業に取り組んでいらっしゃいました。そんな恩師の生き様を継承したいという私個人の強い想いがここにはあります。

また、杜（森）にはさまざまなものが共に支えあい補完しあうつながりと循環があります。自然は人工物とちがって、はてしなく奥が深いです。自然への畏れ、未知なるものへの畏敬の念も大切です。人間が万能で、何でもできる、何をやってもいいという考えが、今の混乱する日本社会の問題をさらに複雑にしてしまっているのではないでしょうか。人間は自然の一部であるという大前提を、子どもたちが自然に身につけられるような環境を目指すという意味も込め、また子どもたちへの共育だけでなく日本社会に属するあらゆる人に向けた共育の場を生みだしていきたい、そんな想いをもとに理事４人と共に、ＮＰＯ法人「共育の杜」は設立されました。

人と人、心と心のつながりが途切れた今の日本では、その分断が原因となりさまざまな機能不全を起こしているにも関わらず、日々の運用タスクだけは行われています。意志や目的意識をもたず、決められた慣例や慣習を「こなす」だけに多くの人が疲弊している状況です。前任者から業務を引きつぎ、問題を起こさず自らの任期を終えることが最大目標になっている、まさに「形骸化」という名の組織病理が蔓延する社会です。この現象は教育界だけでなく日本社会全体のあらゆる場所で起こっています。それは核家族化した各家庭から始まり、会社組織、政治や医療、介護の現場など、どこを見ても同じ病理が巣食っています。

このような日本社会に生きる私たちの断ち切られた精神構造は、孤立を生みます。そうすると、一人ひとりが孤立したまま問題を抱えこみ解決できない状態となり、ますます問題が増え、それをまた自分だけで抱えこむという悪循環となってしまいます。まさにその社会のなかで私自身も生まれ育ち、心を閉ざし孤立して生き、がんばっても結果を出せずバーンアウトをくりかえ返していきました。そんな折に恩師北森先生とのご縁から多岐にわたるご指導をいただき、試行錯誤の末、縦と横の糸を紡ぎ直すことを私自らの人生で体験しました。その経験を通じて今では多くの人に関わらせていただき、紡ぎ直しをさせて頂くようになりました。そんな私がこのコロナ禍に思うことは、答えを見出せない不透明な迷いの時代だからこそ、人間というものを問い直し原点回帰するときなのではないかと思うのです。

では、私たちの回帰すべき原点とはどこにあるのでしょうか。「人として生きる」とは、本来どういうことなのでしょうか。

まずは、「私として生きる」ことです。私たち大人の一人ひとりが、明確な意志をもち価値を創造する人生を生きることです。「誰のために」「何のために」「どうなりたいのか」という、夢や目標を持って生きる姿を、私たち大人の背中を子どもたちに見せることです。

次に「意識をつなげて生きる」ことです。私たちはモノではありません。自然界の生命原理に組みこまれた地球生命体として自然と共生して行くために、人智を超えた自然界と意識をつなげて生きることです。そうすることで自然は多くのことを教えてくれます。そして、そのような人間として共に協力しあうために、親からいただいた身体があって自分が在ること、先人たちがつないでくれたから今の日本が在ること、その社会に意識をつないで生きることです。以上を踏まえ、一人ひとりの命を輝かせる社会の在り方を創造することで、つないでいただいた命と社会を私たちの責任で次の世代に受けつぐのです。

コロナ禍により文明社会の営みがストップすることで、地球環境は短期間に驚くほど回復したといわれています。私たち人類の生き方を一度ふり出しに戻してでも、今こそ原点回帰するときではないでしょうか。学校教育の在り方に関しても、この原点回帰から大切にすべきものが見えてくるのではないでしょうか。

NPO法人「共育の杜」理事（発起人）
佐々木　浩一

共育の杜
kyouikunomori

http://kyouikukaikaku-2020.com/

NPO 法人「教育改革 2020『共育の杜』」（共育の杜）は、主に以下の事業を主として、社会へ貢献していきます。

◎ 学校の先生が弱音をはける場所として「心の職員室」を SNS 上に作り、ストレスを一人で抱えこみ孤立してしまわないように呼びかけております。
◎ 学校教育と社会とをつなぐ、教職員を対象にした研修会、世界の先進的、創造的な学習方法を集めたオンラインライブラリーとしてオンラインサロン「エンパワメント」を創設しました。教職員、企業、行政、保護者、各種専門家が集い、現場で発生する諸問題の解決に必要なリソースに即繋がれるような垣根を超えて交流をする場をつくりました。
◎ 書籍や広報誌、インターネットメディア等により、広く一般の方々へ情報提供を行っています。

このような活動をしていくうえで、未来の子どもたち、未来の日本のためにも、学校、社会、行政との接点となる「場」の必要性を実感しています。

また、これからの時代にマッチした学校教育の在り方を社会全体へ広めるためには、教育現場だけではなく、地域住人、地域企業、自治体がともにつながることが必要です。

これらの理念やめざす方向に基づき、社会的な責任、使命を自覚したうえで精力的に活動していきます。

コロナ禍が変える日本の教育
―― 教職員と市民が語る現場の苦悩と未来

2021年3月30日　初版　第1刷発行

企画・編集　NPO法人
「教育改革2020『共育の杜』」
発行者　大　江　道　雅
発行所　株式会社 明石書店
〒101-0021 東京都千代田区外神田6-9-5
電話 03（5818）1171
FAX 03（5818）1174
振替　00100-7-24505
http://www.akashi.co.jp/
装　丁　金子　裕
印刷／製本　日経印刷株式会社

（定価はカバーに表示してあります）　ISBN978-4-7503-5194-0